С.В. КАЗАНЦЕВ

Русско-английский экономико-математический СЛОВАРЬ

Ответственный редактор
кандидат экономических наук *В.Н. Павлов*

ВО "Наука"
Новосибирск
1993

ББК 81.2 Англ.-4 + 65.5
К14

Рецензенты

кандидат экономических наук *В.Ю. Малов*
кандидат физико-математических наук *В.В. Радченко*

Казанцев С.В.
К14 Русско-английский экономико-математический словарь. — Новосибирск: ВО "Наука". Сибирская издательская фирма, 1993. — 232 с.
ISBN 5—02—029875—1.

Экономико-математические исследования проводятся на стыке экономики со многими разделами математики, статистики и кибернетики. Кроме терминов, используемых в этих науках, математическая экономика активно оперирует терминами, выработанными в своих собственных рамках. Словарь содержит важнейшие экономико-математические термины, употребляемые в современной отечественной и англоязычной научной литературе. В нем приводятся основные значения слов и наиболее распространенные словосочетания.

Словарь предназначен для научных работников — специалистов в области математической экономики, аспирантов, студентов, переводчиков.

$K \dfrac{4602030000-106}{042(02)-93} 618-92$ II полугодие

ISBN 5—02—029875—1

ББК 81.2 Англ.-4 + 65.5

© С.В. Казанцев, 1993
© ВО "Наука". Сибирская издательская фирма, 1993

ПРЕДИСЛОВИЕ

Углубление международных контактов открывает новые возможности для публикации произведений наших исследователей за рубежом. Одними из наиболее читаемых и престижных считаются публикации на английском языке. Русско-английский экономико-математический словарь предназначен для знающих и изучающих английский язык и имеет целью помочь в переводе экономико-математических текстов.

Ядро словаря образуют понятия, выработанные экономико-математической наукой и специфические для нее. Эти термины и сочетания, экономико-математическая фразеология и идиоматика слабо представлены в экономических, математических и статистических дву- и многоязычных словарях и пособиях. В настоящий словарь вошли также базовые экономические, математические и статистические термины и выражения, используемые в работах в области экономико-математических исследований.

Словарь построен по гнездовой системе; слова расположены в алфавитном порядке. Внутри словарного гнезда заглавное слово заменяется знаком "тильда" (-); в случае изменения окончания тильдой заменяется общая часть, отделенная в заглавном слове косыми линиями. Синонимы с близкими значениями отделяются запятой, с более отдаленными, так же как и слова с разными значениями, но помещенные в одно гнездо, — точкой с запятой. Пояснения к омонимам заключены в круглые скобки и набраны курсивом. Факультативная часть английского эквивалента тоже заключена в круглые скобки.

При работе над словарем использовались приведенные ниже лексикографические источники, а также отечественные, американские и английские тексты по математической экономике.

Англо-русский экономико-статистический словарь.—М.: Статистика, 1974.—224 с.

Англо-русский экономический словарь.—М.: Рус. яз., 1977.—728 с.

Лопатников Л.И. Экономико-математический словарь.—М.: Наука, 1987.—510 с.

Масловский Е.К., Зайчик Б.И., Скороход Н.С. Русско-англо-немецко-французский словарь по вычислительной технике: Основные термины.—М.: Рус. яз., 1990.—393 с.

Меньшикова М.А. Английские экономические термины: Справочник.—Новосибирск: Наука. Сиб. отд-ние, 1983.—261 с.

Burlak J. Russian-English mathematical vocabulary. — N.Y.: Interscience Publishers Inc., 1963. — 305 p.

Glossary of economics including soviet terminology in English/American — French — German — Russian. — F. and M. Clifford-Vanghan. Elsevier Publishing Company, 1966. — 201 p.

Horton B.J., Ripley J. Jr., Schnapper M.B. Dictionary of modern economics. — Washington: Public Affairs Press, 1948. — 365 p.

Kotz S. Russian-English dictionary and reader in the cybernetical sciences. — N.Y.; London.: Academic Press, 1966. — 214 p.

Kotz S. Russian-English dictionary of statistical terms and expressions and Russian reader in statistics. — Champel Hill.: The Univ. of California Press, 1964. — 115 p.

Lohwater A.J. Russian-English dictionary of the mathematical sciences. — Providence. Rhode Island.: The American Mathematical Society. 1961. — 267 p.

The McGraw-Hill dictionary of morden economics. — 1973. — 792 p.

Предлагаемое издание представляет собой первый опыт подготовки и публикации русско-английского экономико-математического словаря. Как всякое первое издание специализированного словаря, оно может содержать неточности и иметь резервы для улучшения. Автор будет признателен за замечания и предложения, которые просит направлять по адресу: 630090, Новосибирск, проспект Академика Лаврентьева 17, Институт экономики и организации промышленного производства СО РАН.

СПИСОК СОКРАЩЕНИЙ

амер.	—	американский вариант
безл.	—	безличный
глаг.	—	глагол
мат.	—	математический термин
мест.	—	местоимение
мн.ч.	—	множественное число
нареч.	—	наречие
предик.	—	предикат
предл.	—	предлог
прил.	—	прилагательное
прич.	—	причастие
см.	—	смотри
сущ.	—	существительное

РУССКИЙ АЛФАВИТ

А	Б	В	Г	Д	Е	Ё	Ж	З	И	Й	К
а	б	в	г	д	е	ё	ж	з	и	й	к

Л	М	Н	О	П	Р	С	Т	У	Ф	Х	Ц
л	м	н	о	п	р	с	т	у	ф	х	ц

Ч	Ш	Щ				Э	Ю	Я
ч	ш	щ	ъ	ы	ь	э	ю	я

A

абелевый abelian
аберрационный aberrational
абсолютный absolut
абстрагированный abstract
абстрагировать abstract
абстрагир//оваться abstract, generalize
~ уясь abstracting, generalizing
абстрактность abstraction, abstractness
абстрактный abstract
абсцисса abscissa, x-axis, x-coordinate
аванс deposit; advance
~ наличными imprest fund
автархия autarchy
автоблокировка automatic block system
автодистрибутивность autodistributivity
автоковариация autocovariance
автокод (*автоматическое кодирование сигналов*) autocode
автокод (*программный язык низкого уровня*) usercode
автоколебание auto-oscillation
автокоррелированный autocorrelated
автокорреляционный autocorrelation, autocorrelated, self-correlated
автокорреляция autocorrelation
автомат automaton, robot, automatic device
автоматизация automation, automatization
комплексная ~ integrated automation [automatization]
автоматизированн//ый automated; automatized
~ ая информационно-управляющая система стандартизации и метрологии, АИУС—СМ automated information control system for standardization and metrology
~ ая система государственной статистики, АСГС automated state statistics system, computerized system of state statistics
~ ая система плановых расчетов, АСПР automated planning calculation system, computerized system of planning calculations
~ ая система управления, АСУ automated control sys-

tem, automated system of management, automated management system

~ ая система управления наукой и техникой, АСУНТ automated control system for scientific and technical progress

~ ая система управления предприятиями и объединениями, АСУП automated control systems for enterpises

~ ая система управления технологическими процессами, АСУТП automated control systems for industrial processes

~ ая система управления ценами, АСУ-цен automated control system for price setting

~ ое рабочее место workstation

автоматика automation; automatic machines

автоматическ//ий automatic; self-regulating; self-acting, power-operated

~ стабилизатор automatic stabilizer

~ ое равновесие automatic balance

автоморфизм automorphism

автоморфность automorphism, automorphy

автоморфный automorfic

автономия autonomy, self-government

автономность autonomy, self-regulation

автономн//ый autonomous, self-regulating, self-governing, self-contained, self-controlled; off-line; stand-alone

~ ая переменная autonomous variable, exogenous variable

автополярность self-polarity

авторегрессивный autoregressive

авторегрессионный *см.* авторегрессивный

авторегрессия autoregression

авторегулирование autoregulation

агрегат aggregate; assembly, set; collection

агрегатный aggregate

~ индекс aggregate index

агрегация aggregation

агрегирование *см.* агрегация
итеративное ~ iterative aggregation

адаптация adaptation

адаптивн//ый adaptive

~ ая стратегия adaptive strategy

~ ое управление adaptive control

адаптированный adapted

адаптировать adapt

адекватно adequatly, sufficiently, equally

адекватность adequacy, sufficiency

адекватный adequate, sufficient, equal to

аддитивность additivity
аддитивный additive
административн//ый administrative, directional
~ ая игра management game
адрес address
~ адреса indirect address
адресный address
адъюнкт adjoint, adjunct, co-factor
аккумулировать accumulate
аккумуляция accumulation
~ и концентрация капитала accumulation and concentration of capital
акселератор accelerator
акселераци//я acceleration
принцип ~ и acceleration principle
аксиома axiom, postulate
~ выявленного предпочтения axiom of revealed preference
аксиоматизация axiomatization
аксиоматизировать axiomatize
аксиоматизируемость axiomatization, axiomatizability
аксиоматизируемый axiomatizable
аксиоматика axiomatics
аксиоматический axiomatic
акт act
активный active
актуализация updating
~ данных data updating
актуальность urgency
актуальный actual, urgent
алгебра algebra

~ высказываний propositional algebra
булева ~ Boolean algebra
алгебраизация algebraization
алгебраическ//ий algebraic
~ ое дополнение co-factor
алгоритм algorithm
~ выбора решений decision algorithm
~ управления control algorithm, control procedure
вычислительный ~ computational algorithm
алгоритмизация algorithmization
алгоритмически by an algorithm, algorithmically
алгоритмический algorithmic, pertaining to an algorithm
~ процесс algorithmic process
~ язык, АЛГОЛ algorithmic language
алфавит alphabet, ABC
алфавитн//ый alphabetic
~ о-цифровое печатающее устройство, АЦПУ printer
альтернатива alternative
альтернативн//ый alternative, alternate
~ спрос alternative demand
~ ая стратегия alternative strategy
амортизатор damper; shock absorber; buffer
амортизационны//й depreciation, amortization
~ фонд sinking fund

~ е отчисления amortization discounting
амортизация depreciation, amortization
амплитуда amplitude, range
амплификация amplification
анализ analysis; examination
 ~ активности activity analysis
 ~ безубыточности производства break-even analysis
 ~ бесконечно малых infinitesimal calculus
 ~ взаимодействий interaction analysis
 ~ данных data analysis
 ~ деятельности предприятий *см.* ~ безубыточности производства
 ~ "затраты—выпуск" ("затраты—продукция") input-output analysis
 ~ конечных результатов end-point analysis
 ~ последствий sequence analysis
 ~ сравнительной статики comparative-static analisis
генетический ~ genetic analysis
дисперсионный ~ analysis of variance
маржинальный ~ marginal analysis
предельный ~ *см.* маржинальный ~
многомерный статистический ~ multivariate statistical analysis
многошаговый ~ multistage analysis
предварительный ~ pilot analysis
регрессионный ~ regression analysis
системный ~ system analysis
сопоставительный ~ comparative analysis
сравнительный ~ *см.* сопоставительный ~
сопоставительный [сравнительный] экономический ~ comparative economic analysis
структурный ~ structural analysis
факторный ~ factorial analysis
численный ~ numerical analysis
анализировать analyse, analize
анализируемый analyzable
аналитик analyst
аналитика analytics
аналитическ//ий analytical, analytic
 ~ ая модель analytical model
 ~ ие методы решения моделей analytical methods of model solution
аналитичность analyticity
аналог analogy, similarity
 статистический ~ statistical image
аналогично analogously, similarly
аналогичный analogous, similar

аналоги//я analogy, similarity
по ~ и by analogy (with)
проводить ~ ю draw analogy (to, with)

аналогов//ый analog, analogue, analogous
~ ая модель analog [analogue] model
~ ая ЭВМ analog [analogue] computer

анархия anarchy
~ производства anarchy of production

анкета questionnaire

аннулирование annulment; cancellation; nullification; annihilation; abrogation; abolition; initialization

аннулировать nullify, annul

аннулируемый being annihilated

ансамбль group, set, ensemble

антиномия antinomy

антиполезность disutility

антирефлексивность anti-reflexiveness, skew-reflexivity

антисимметричность anti-symmetry

антисимметричный skew-symmetric

антитеза antithesis

антициклический contracyclical, countercyclical

апостериори a posteriori

аппарат apparatus, means, instrument

аппликата z-coordinate

априори a priori

априорный a priori

апробация approbation; approval

апробировать approve

аппроксимативный approximate

аппроксимация approximation
последовательная ~ successive approximation

аппроксимировать approximate

аппроксимируемость approximability

аппроксимируемый approximable, approximate, approximated

аппроксимирующий approximating, approximate

арабски//й arabic
~ е цифры arabic numbers

арендн//ый rent
~ ая плата rent, tenancy

аргумент (*в споре, дискуссии*) argument

аргумент (*функции, независимая переменная*) argument, amplitude, independent variable

аргументация argumentation

аргументировать argue, prove, deduce

арифметика arithmetic

арифметический arithmetical, numbertheoretic

арифмометр adding machine, comptometer, calculator

арксинус arcsine

арктангенс arctangent

асимметричный asymmetric

асимметрия asymmetry, skewness
асимптота asymtote
асинхронный non-synchronous, asynchronous
аспект aspect, appearance
ассортиментный assortment
 ~ набор commodity bundle
ассоциативность associativity
ассоциативн//ый associative
 ~ ое программирование associative programming
ассоциаци//я association
 ~ качественных признаков contigency
 по ~ и by association
ассоциированность association, associativity
ассоциировать associate
атомистический atomistic
атрибут attribute, property, quality
аукцион auction
аффинный affine
ациклический acyclic, non-cyclic

Б

база base, basis; foundation; benchmark
 ~ весов weight base
 ~ данных data base
 ~ сравнения comparison base
базис basis, base; foundation
 ~ равноценности counterpart fund

базисн//ый base, basis, basic, elementary
 ~ год base year
 ~ уровень base level
 ~ ая относительная величина base ratio
 ~ ое пространство base space
 ~ ое решение basic solution
базовый base
 ~ вес base weight
 ~ период base period
баесовский Bayes, Bayesian
байт byte
баланс balance
 ~ доходов и расходов balance of income and spending
 ~ международных платежей balance of international payments
 ~ народного хозяйства national economy balance
 ~ оборудования balance of equipment
 ~ производства и распределения balance of production and distribution
 ~ производственных мощностей balance of productive capacities
 ~ трудовых ресурсов labour balance
активный ~ active balance, favourable balance
годовой ~ yearly balance
материальный ~ material balance
межотраслевой ~ input-output balance, inter-sectoral

balance, inter-industry balance
   межрегиональный ~ inter-regional balance
   отчетный ~ de facto balance, perfomance balance, real balance, retrospective balance
   пассивный ~ adverse balance, negative balance
   плановый ~ plan balance
   платежный ~ balance of payments, balance of payments statement
   топливный ~ fuel balance
   торговый ~ balance of trade
   финансовый ~ financial balance
балансовый balance
   ~ метод method of balances, balance method, balance technique
балл score, mark
банахов//ый Banach
   ~ о пространство Banach space
барометр barometer
   деловые ~ ы business barometers
   экономический ~ economic barometer
барьер barrier
безграничный unlimited; boundless, unbounded
безмасштабный gridless
безмерно immeasurably
безмерность immeasurability, immensity
безмерный immeasurable, immense, boundless, infinite
безосновательный groundless
безотносительно irrespective
безотносительный unconditional, absolute
безошибочно correctly, without error
безошибочность faultless, infallibility
безошибочный correct, exact, error-free, without error, infallible
безработный (*сущ.*) laid-off worker, jobless
безработный (*прил.*) unemployed, jobless
безразличи//е indifference
   кривая ~ я indifference curve
   поверхность ~ я indifference surface
безразличный indifferent, neutral
безразмерн//ый dimensionless
   ~ ое число pure number
безубыточный without any loss
безусловно unconditionally; undoubtedly
безусловность absoluteness; certainty
безусловный unconditional; absolute
безуспешный unsuccessful; ineffective
безынерционный inertio-free, without inertia
безынтегральный integral-free
безэлементный element-free
бернуллиевый Bernoulli
бесконечно infinitely; extremely; endlessly

~ малая величина infinitesimal, immeasurably small
~ удаленный infinite, infinitely far
~ удаленная точка point at infinity

бесконечнократный infinite-to-one

бесконечномерный infinite dimensional

бесконечност//ь infinity
до ~ и ad infinitum

бесконечн//ый infinite; endless; interminable; nonterminating
~ ая дробь reccurring decimal
~ ые игры infinite games

бесплатный gratuitous; free of cost, free of charge

бесполезно in vain, uselessly

бесполезность uselessness; disutility

бесполезный useless

беспорядок disorder; confusion; chaos

беспорядочно irregularly; in a random manner

беспорядочный chaotic; disordernaly; confused; irregular; random

беспредельный unlimited; boundless

беспредметность pointlessness, aimlessness

беспредметный pointless, aimless

беспрерывный continous, without interruption

бесселевый Bessel

бесскобочный without brackets, parenthesis-free

бессмысленный senseless; absurd

бессодержательный empty

бесспорно indisputably, unquestionally, undoubtedly

бесспорность indisputability, incontrovertibility

бесспорный indisputable; incontrovertible; self-evident

бессрочный permanent

бесструктурный formless; without structure

бессчетный innumberable; uncountable

бесцельно aimlessly; at random

бесцельность aimlessness, purposelessness; random character

бесцельный aimless, purposeless; haphazard, random

бесценно pricelessly, beyond price

бесценность pricelessness

бесценный priceless, inestimable, invaluable

бесчисленный uncountable, nondenumerable

бесчисленность non-denumerability, uncountability, innumerability

бета-распределение beta-distribution

бета-функция beta-function

би- bi-, di-

библиотека library

~ исходных модулей source library
~ программ program library, routine library
бивариантный bivariant
бивектор bivector
биквадрат fourth power, biquadrat
биквадратичный biquadratic
биквадратный *см.* биквадратичный
бикомпакт compactum, bicompactum
бикомпактный bicompact
билинейность bilinearity
билинейный bilinear
биллион billion, milliard
бинарн//ый binary
~ ое отношение binary relation
бином binomial
~ Ньютона binomial formula, binomial theorem
бисектриса bisectrix, bisector
бисимметрия bisymmetry
бит bit, binary unit
бихевиористический behavioristic
близост//ь proximity, nearness, closeness, propinquity
в непосредственной ~ и in immediate proximity
пространство ~ и proximity space
блага goods
воспроизводимые ~ reproducible goods
материальные ~ material goods
невоспроизводимые ~ non-reproducible goods
блок block; unit
~ информации message block, information block
~ -схема flowchart, block-diagram
случайный ~ randomized block
стандартный ~ package, standard block
блокировка block, blocking; interlock; lock; lockout; lockup; deadlock
блуждание wandering, walk
случайное ~ random walk
блуждать wander, walk
богатство wealth
более more
~ всего most of all
~ и более more and more
~ того and what is more
~ чем more than
тем ~ all the more
большинство majority
большой large, great
броса//ть throw; drop
~ ние монеты coin-tossing
броуновский Brownian
буква letter; character
буквенн//ый alphabetic, alphabetical; letter; graphic
~ о-цифровой alphameric, alphanumeric
булевский Boolean
булевый *см.* булевский
бум boom
буфер shock absorber, cushion, buffer

быстродействие fast action; speed of response
бюджет budget
сбалансированный ~ balanced budget
бюджетн//ый budget
~ дефицит budget deficit
~ ая линия budget line
~ ая статистика budget statistics
~ ое ограничение budget restriction, budget constraint
жесткое ~ ое ограничение hard budget constraint
мягкое ~ ое ограничение soft budget constraint
ужесточение ~ ых ограничений для предприятий tightening budget constraints on enterprises

В

важность importance; significance
важный important; significant
валентность valency
валов//ой gross
~ внутренний продукт gross domestic product, GDP
~ национальный продукт gross national product, GNP
~ ая продукция gross production
вариант alternative; option; variant; version
вариантность variance
вариационн//ый variational, variance
~ анализ variance analysis, analysis of variance
~ ряд ordered sample, ordered series, variational series, order statistics
~ ое исчисление calculus of variations
вариация variation
варьирование *см.* вариация
варьировать vary; change; modify
варьирующийся varying, changing
введение introduction; inlet; intake; input
ввод input; lead-in; entry; read
~ в действие implementation
~ данных data input
~ программы input routine
вводить introduce
ведомственность департментализм
веер fan
век century, age
веков//ой age-old; ancient; secular
~ ая тенденция secular trend
~ ое уравнение secular equation
вектор vector
~ признаков attribute vector
~ приращений incremental vector
~ состояния state vector
~ -столбец column vector
~ -строка row vector

единичный ~ unit vector
обращенный ~ reversed vector
собственный ~ eigenvector
управляющий ~ control vector

векторн//ый vectorial, vector
~ ая оптимизация vector optimization
~ ая функция scalar function of vectors
~ ое исчисление vector analysis
~ ое пространство vector space
~ о-матричный vector-matrix

величин//а magnitude; variable; value; quantity; size
~ интервала range, range of interval
~ наибольшей плотности mode
~ определителя value of determinant
~ ы, находящиеся в положительной/ отрицательной зависимости positevely/ negatively related variables
базисная относительная ~ base ratio
входная ~ input variable
выходная ~ output variable
данная ~ datum
комплексно сопряженная ~ complex conjugate
макропеременная ~ macrovariable
нормально распределенные ~ ы normally distributed random variables
независимые случайные ~ ы independent random variables
нормированная ~ standardized value, value in standard measure
ожидаемая ~ expected value
предельная ~ marginal value, limit value
переменная ~ variable
постоянная ~ constant
случайная ~ random variable, chance variable, stochastic value
средняя ~ average value
стохастическая ~ stochastic variable
центр ~ ы center of buoyancy

венчурный venture
~ капитал venture capital
верификатор verifier
верификация verification
верифицируемый verifiable
вероятностник probabilist
вероятностн//ый probability, probabilistic, stochastic
~ ая задача stochastic problem, probabilistic problem
~ ая модель stochastic model, probabilistic model
~ ая система stochastic system, probabilistic system
~ ая функция probability function
вероятност//ь probability

~ наступления события event probability

~ перехода transition probability, stochastic transition function

~ с запретами taboo probability

апостериорная ~ posterior probability, a posteriori probability, inverse probability

априорная ~ prior probability, a priori probability

безусловная ~ absolute probability, unconditional probability

доверительная ~ fidication probability

обращенная ~ inverse probability

кривая равных ~ ей equiprobability curve

плотность ~ и probability density

полная ~ composite probability, total probability

субъективная ~ personal probability

сходимость по ~ и convergence in probability, stochastic convergence

условная ~ conditional probability

элемент ~ и probability element

эмпирическая ~ empirical probability

вероятный probable, likely

версия version

вертикаль vertical line

вертикально vertically

вертикальность verticality, vertical position

вертикальн//ый vertical, upright

~ ая проекция vertical projection, front view

верх top; upper part

верхн//ий upper; top

~ предел upper bound, upper limit

~ яя граница upper bound

верхушка apex

вершина peak, top, apex, summit, vertex

~ графа graph node

~ допустимого многогранника corner point

вес weight; value; influence; authority

~ á наблюдений weights of observations

статистический ~ statistical weight

удельный ~ specific weight, specific gravity

весов//ой weight

~ коэффициент weighting coefficient

~ ая функция weight function

ветвистость ramification

ветвление branching, ramification

ветвь branch

веха stake; landmark; benchmark

вещественнозначный real-valued

вещественн//ый real, material
~ о-замкнутый real-closed
вещество substance, matter
взаимно relatively; mutually; reciprocally
~ дополняющий mutually comlementary
~ исключающий mutually exclusive
~ обратный inverse, reciprocal
~ не пересекаться be mutually disjoint
~ непрерывный bicontinuous
~ однозначная функция one-to-one function
~ однозначно in a one-to-one manner
~ однозначное отображение one-to-one mapping
~ однозначное соотношение one-to-one correspondence
~ простой mutually disjoint, mutually prime, relatively prime, coprime
~ сопряженный self-conjugate
взаимность reciprocity, mutuality; duality
взаимн//ый mutual, reciprocal
~ ая связь coupling
~ ые задачи mutual problems
взаимовлияние extranality
взаимодействи//е interaction; reciprocal action; interface; interplay
человеко-машинное ~ man-machine interface
удобные в эксплуатации средства ~ я friendly interface
взаимодействовать interact, act reciprocally
взаимодополняемость complements, complementarity
взаимозависимость interdependence, interdependency
взаимозаменяемость substitutability, interchangeability
взаимозаменяемы//й interchangeable
~ е товары substitutes
взаимоисключающий alternative; mutually exclusive
взаимоотношение mutual relation; correlation; inter-relation
взаимосвязь correlation; interconnection, interdependence; intercommunication
взаимосогласованность interconsistency, consistency
взамен instead of, in return for
взвешенный weighted, weighed
взвешивание weighting, weighing
взвешивающ//ий weighting
~ ая функция weighting function
взятие taking
~ дополнения (operation of) taking the complement
~ производной derivation, taking a derivative

видимость visibility
видимый apparent, visible, obvious
видоизменение (*действие*) modification; trasformation; change; alteration
видоизменение (*разновидность*) modification; trasformation; change; version; variant
видоизмененный modified
видоизменять modify, transform, alter
вклад (*в состав чего-л.*) endowment
включать enclose, insert, include, add
включать (*механизм и т.п.*) engage, switch on; start; turn on; put
включение (*в состав чего-л.*) inclusion, cut-in
включение (*механизма и т.п.*) engaging; switching on; turning on
включенный (*в состав чего-л.*) included
включительно inclusively, inclusive
вложени//е enclosure, insertion, imbedding, investment, inclusion
   капитальные ~ я investment
вложенный imbedded, inserted, enclosed
влеч//ь involve; bring
   ~ ет за собой entails, involves
вменение imputation

вменять impute
внеинтегральный outside the integral, unintegrated
внеконкурентный uncompetitive
внемаржинальный extramarginal
внешн//ий exterior; external; superficial; outward; outer; extrinsic
   ~ прогноз extrinsic forecast
   ~ эффект external effect
   ~ ие издержки externalities, neighbourhood effects, spillover
   ~ яя форма exterior form
   ~ яя экономия externalities, neighbourhood effects, spillover
вносить bring in; insert; introduce; deposit; put forward
внутренн//ий interior, inner, internal; intrinsic
   ~ прогноз intrinsic forecast
   ~ эффект internal effect
   ~ ее расстояние intrinsic distance
   ~ яя стоимость intrinsic value
внутренность interior, interiority
внутриблочный interblock, intrablock
вогнутость concavity
вогнут//ый concave
   ~ о-выпуклый concave-convex
   ~ ое программирование concave programming

возведение involution; raising, erection
 ~ в квадрат squaring
 ~ в степень raising to a power

возведенный raised, elevated, derived, deduced
 ~ в квадрат squared
 ~ в степень n raised to the power n

возводить raise, erect
 ~ в квадрат square
 ~ в степень n raise to the power n

возвратность reflexity

возвратн//ый reflexive, recursion, recurring, reciprocal, recurrent
 ~ ая последовательность recursion relation
 ~ ое уравнение reciprocal equation

возвращени//е return, recurrence; replacement; regression
 выбор с ~ ем sampling with replacement
 теорема ~ я recurrence theorem

воздействие impact, effect, influence
 экономическое ~ economic leverage, economical leverage

воздействовать act, influence, affect

возможно (*нареч.*) possible

возможно (*предик. безл.*) possibly, it is possible

возможность possibility; opportunity, chance

возможный possible, feasible
 единственно ~ the only (one) possible

возмущение perturbation, disturbance

вознаграждение fee; reward; compensation

возраст age

возрастание increase, rise, growth, increment

возрастать increase, grow, ascend

возрастн//ой age
 ~ состав age composition
 ~ ая пирамида age pyramid
 ~ ая структура *см.* ~ состав

волна wave
 бегущая ~ travelling wave
 распространение волн propagation

волнение disturbance

волнистость sinuousity

волнистый sinuous, wavy

волнообразный wavy, undulatory, undulating

вопрос question; problem; matter; issue

воронка whirlpool; funnel; crater

воронкообразный funnel-shaped

воспроизведение reproduction

воспроизводимый reproducible

воспроизводство reproduction
 простое ~ simple reproduction, stationary economy

расширенное ~ extended reproduction, enlarged reproduction

суженное ~ diminishing reproduction

восстановлени//е recovery, renewal, reset, restoration
   кривая ~ я renewal characteristic
   теория ~ я renewal theory

восходящий bottom-up

восхождение ascent, ascention

восьмеричный octuple, octal
   ~ ряд octal digit

восьмигранник octahedral

восьмигранный octahedral

восьмиугольник octagon

восьмиугольный octagonal

вписанный inscribed, refined

вписа//ть inscribe, refine
   A ~но в B A is a refinement of B

вполне entirely, fully, completely
   ~ непрерывный completely continuous
   ~ приведенный completely reducible

время time
   ~ в экономической системе time in economic system
   ~ запаздывания delay time, dead time
   ~ затухания decay time, damping time
   ~ обслуживания service time
   ~ ожидания waiting time
   ~ производства production time
   ~ цикла cycle time
   реальное ~ real time

временной time, temporal
   ~ ряд time series, time trend

вручную manually, by hand

всевозможный various, different, all sorts of, all kinds of, all possible

всегда always, all the time, every time
   ~ истинный identy, identically true, always true, identically valid

всеобщий universal, general

всеобщность generality, universality

всеобъемлющий universal, comprehensive

всесторонний manifold, multifold; comprehensive; detailed

вследствие in consequence of, on account of; so that

вспомогательный auxiliary; subsidiary

вставка insertion, imbedding

встроенный built-in
   ~ стабилизатор built-in stabilizer

второй second
   ~ смешанный момент covariance, second mixed moment

втрое thrice, in three

вход input, entry, entrance

входн//ой input
   ~ое распределение hitting probability distribution, input distribution

~ые величины input variable
~ые данные input data, entries
выбирать choose, select
выбор choice, drawing, option, sampling, selection
~ масштаба scaling
~ на качественные признаки sampling of attributes
~ решения decision making
гнездовой ~ cluster sampling
замещающий ~ importance sampling
механический ~ systematic sampling
однократный ~ unitary sampling
периодический ~ period sampling
произвольный ~ optional sampling
простой случайный ~ simple random sampling
пучковый ~ *см.* гнездовой ~
выбор//ка sample, sampling
~ из выборки subsample
~ по группам quota sample
~ с возвращением sampling with replacement
беспристрастная ~ unbiased sampling
выровненная ~ aligned sample
метод пробных ~ок model sampling
не вполне случайная ~ judgement sample
необработанная ~ crude sample
неслучайная ~ non-random sample
однократная ~ single sample
повторная ~ repeated sample, duplicate sampling
представительная ~ representative sample
произвольный порядок ~ки random access sampling
простая ~ simple sample
систематическая ~ systematic sample
случайная ~ random sample [sampling]
смещенная ~ biased sample [sampling]
существенная ~ importance sample
упорядоченная ~ ordered sample
уравновешенная ~ balanced sample
элемент ~ки sample [sampling] unit
выборочн//ый sampling, sample, selective
~ая проверка spot check
~ая средняя sample mean
~ая траектория sample path
~ая функция sample function, sample distribution function, choice function
~ая характеристика statistic
~ое наблюдение sampling observation
~ое обследование sample survey, sampling

~ ое распределение sample distribution
выбрасывание rejection
выброс ejection, rejection
выбытие attrition, wearing down
~ капитала capital attrition
выведение deduction, derivation
вывести deduce, derive, conclude, lead out
вывод derivation, inference, conclusion
выводить см. вывести
выгод//а advantage, benefit, profit, utility
функция ~ ы utility function
выгодность utility
выделение isolation, separation; selection; apportionment, secretion; discharge
выделенный chosen; isolated, singled out; preferred
выделить select; extract; distinguish; isolate
выделять см. выделить
вызов call
~ функции call of function
выигрыш win, payoff, gain, yield, prize
средний ~ average payoff
функция ~ a payoff function
чистый ~ net gain
выкладка computation, calculation, numerical evaluation
выключать switch (off)
вынести take out, carry out
вынос export, exportation
выносить см. вынести

выпадение fall, fall-out, loss
~ разряда bit loss
выписать write out; extract
выписывать см. выписать
выплата payment
выполнение fulfilment, realization, implementation
выполнить fulfil, accomplish
выполнять см. выполнить
выпуклость convexity, convexification
выпукл//ый convex, bulging, distinct, prominent
~ ая оболочка convex hull
~ ое программирование convex programming
~ о-компактный convex-compact
выпуск output, discharge, emission
граница возможного ~ a production-possibility frontier
матрица ~ a output matrix
вырабатывать make; manufacture; elaborate; generate; produce; work out
выработать см. вырабатывать
выработка manufacture, making; elaboration, working-out, drawing-up
~ понятий concept formation
выравнивание fitting; equalization; smoothing; adjustment
~ временных рядов time-series smoothing
~ методом наименьших квадратов least square fitting
~ нормы прибыли equalization of the rate of profit

~ по прямой fitting at straight line
выравнивать fit, smooth, level, align
выравнивающ//ий smoothing; leveling; fitting
~ ая кривая fitting curve
выражать express, convey
~ в числах evaluate
выражение expression
содержательное ~ semantic expression
выраженный expressed, delineated
~ через... expressed in terms of...
выразить *см.* выражать
вырастать grow, increase; develop
вырез cut; excision
вырезать cut out; excise
выровненный aligned; adjusted; evened; fitted
вырождение confluence, extinction, degeneracy, degeneration
вырожденность degeneracy, degeneration
вырожденн//ый degenerate, confluent, singular
~ ая задача degenerate problem
~ ая матрица singular matrix, degenerate matrix
высказывани//е expression; statement, proposition
истинное ~ true proposition
исчисление ~ й propositional calculus

ложное ~ false proposition
высказывать state; express; formulate; say, speak out
высокопроизводительный heavy-duty, high-duty, high-production
высокопродуктивный high-yield
выход output, outcome, yield; emergence; exit
вычеркивание crossing out; deletion; cancellation
вычеркивать cross out; cancel; delete, eliminate
вычертить plot, trace, draw
вычерчивание fitting; drawing, tracing
~ кривой по точкам fitting (a curve)
вычерчивать *см.* вычертить
вычесть subtract
вычет deduction, remainder, residue
вычисление calculation, computation, reckoning, counting, accounting
рекурсивное ~ recursive computation
пошаговое ~ step-by-step computation
вычитаемое (*сущ.*) subtrahend
вычитание subtraction, deduction
вычитать *см.* вычесть
вышеизложенный stated above, set forth above
вышеприведенный above mentioned, foregoing, aforesaid

вышеуказанный previously mentioned, above mentioned
вышеупомянутый above cited
выявить expose, show; reveal; elicit
выявленн//ый exposed, shown; revealed
 ~ ое предпочтение evident preferences, revealed preferences
выявлять *см.* выявить
выяснение clearing up; determination
выяснить explain, elucidate, clarify
выяснять *см.* выяснить

Г

гамма-распределение gamma-distribution
гамма-функция gamma-function
гарантия garantee, protection
 ~ от нестабильности protection against spottiness
гармонизировать harmonize (with); be in keeping (with); go (with)
гармоника harmonics, harmonic curve, harmonic
гармоническ//ий harmonic
 ~ ое разложение harmonic analysis
 линейная ~ ая функция line harmonic
 точечно- ~ ая функция point harmonic

гармоничность harmonicity
генеральн//ый general
 ~ ая совокупность parent population, general population, universe population, main population, general totality
 ~ ая средняя population mean
генератор generator
 ~ колебаний oscillator
 ~ случайных чисел random number generator
 ~ шума noise generator
генерация generation
генерировать generate, produce
генетический genetic
 ~ анализ genetic analysis
 ~ прогноз genetic forecast
геометральный geometric
геометрическ//ий geometric
 ~ ая прогрессия geometric progression
 ~ ое место точек geometric locus, locus
 ~ ое программирование geometric programming
геометрия geometry
 ~ положения analysis situs, topology
 элементарная ~ plane geometry
гетерогенность heterogeneity
гетерогенный heterogeneous
гибк//ий flexible
 ~ диск diskette, data disk, floppy disk
 ~ ое ограничение flexible restriction

гибкость flexibility
гибрид hybrid
гибридный hybrid
гипер- hyper-
гипербола hyperbola
гиперболический hyperbolic
гиперболоид hyperboloid
гиперинфляция hyperinflation
гиперконус hypercone
гиперлиния hyperline, hypercurve
гиперпеременный hypervariable
гиперплоскость hyperplane
гиперповерхность hypersurface
гиперпространство hyperspace
гипотеза hypothesis (*мн. ч.* hypotheses)
~ независимости hypothesis of independence
альтернативная ~ alternative hypothesis
допустимая ~ admissible hypothesis
конкурирующая ~ competing hypothesis, alternative hypothesis
ненулевая ~ non-null hypothesis
нулевая ~ null hypothesis
ошибочная ~ false hypothesis
проверяемая ~ tested hypothesis
простая ~ simple hypothesis
противопоставляемая ~ alternative hypothesis
противоречащая ~ contradictory hypothesis, opposite hypothesis
рабочая ~ working hypothesis
сложная ~ composite hypothesis
строить ~ ы frame hypotheses, hypothesize
гипотенуза hypotenuse
гипотетический hypothetical
гистерезис hysteresis
гисто- histo-
гистограмма histogram, bar chart
главн//ый principal, essential, main, cardinal, chief, major, leading
~ диаметр principal axis
~ член dominant term
~ ая диагональ leading [main, principal] diagonal
~ ая нормаль principal normal
~ ая сумма main total, grand total
~ ая точка principal point
~ ая часть principal [dominant] part
~ ое значение (Коши) (Cauchy) principal value
~ ое отображение principal map
~ ое произведение principal bundle
гладк//ий smooth
~ ая функция smooth function
гладкость smoothness

глобальн//ый global
 ~ критерий global criterion, absolute criterion
 ~ оптимум global optimum
 ~ ая модель global model
 ~ ое моделирование global modelling

год year
 базисный ~ base year, reference year
 базовый ~ *см.* базисный ~
 бюджетный ~ fiscal year
 финансовый ~ *см.* бюджетный ~
 хозяйственный ~ business year, working year
 первый ~ базисного периода initial base year
 последний ~ планового периода target year

годичный yearly, annual
годово//й yearly, annual
 ~ баланс yearly balance
 ~ доход yearly revenue, annual receipts
 ~ отчет yearly report
 ~ е потребление annual consumption

гомеоморфизм homeomorphism
гомеоморфный homeomorphic
гомеостаз homeostasis
гомеостазис *см.* гомеостаз
гомогенный homogeneous
гомоморфизм homomorphism
гомоморфный homomorphic
 ~ по объединению joint-homomorphic
гомотопия homotopy
гомотропия homotropy
горизонт horizont
горизонталь horizontal, contour line, level
горизонтальный horizontal
господствовать dominate, predominate; majorize
господствующий dominating; majorizing; prevailing, prevalent, predominant
государственн//ый state, government
 ~ план электрификации России, ГОЭЛРО State Plan for the Electrification of Russia
 ~ ая статистика government statistics, state statistics
 ~ ое предприятие state-owned enterprise
государство state
градация graduation, level
градиент gradient
градиентн//ый gradient, gauge
 ~ метод gradient method
 ~ ое преобразование gauge transformation
градуировать graduate, grade; calibrate; scale
градус degree
границ//а boundary; limit; frontier
 ~ допуска tolerance limit
 ~ интервалов группировки class limit
 ~ погрешности limits of error

~ приемки acceptance boundary

~ производственных возможностей production possibility frontier

~ раздела interface

~ы спецификации specification limits

верхняя ~ upper bound

выйти из границ overstep the limits

гладкая ~ smooth boundary

критическая ~ rejection limit

граничащий adjacent, adjoining, next to

граничн//ый boundary, boundaring

~ оператор face operator, boundary operator

~ая точка boundary point

~ое множество cluster set

нижнее ~ое множество the greatest lower cluster set

угловое ~ое множество angular cluster set

-гранн//ый - hedral, -faced

n-~ая игральная кость n-faced die

грань face; facet; side; bound

нижняя ~ lower bound

Q-мерная ~ Q-face

верхняя ~ upper bound

точная верхняя ~ the least upper bound

точная нижняя ~ the greatest lower bound

граф graph

~ без циклов circuit-free graph

~ с петлями graph with loops

неориентированный ~ undirected graph

ориентированный ~ oriented graph, directed graph

полный ~ complete graph

циклический ~ cyclic graph

графа column; linear complex, complex

график graph, diagram, chart; schedule

~ временного ряда histограм

~ партии lot plot

~ плотности распределения frequency curve

~ спектральной функции periodogram

сетевой ~ network graph, network

графика graphics

графить rule, draw

графическ//ий graphic, schematic, chagrammatic

~ая оценка graphic estimate

~ое изображение graphic presentation

графоаналитический графико-analytic, graph-analytic

гребень crest, ridge, comb

греко-латинский Greco-Latin

греческ//ий Greek

~ая буква Greek letter

грубооднородный roughly uniform

груб//ый rough, coarse, crude, raw, gross

~ критерий quick test

~ ая ошибка gross error, blunder, flagrant error

~ ое группирование wide grouping

групп//а group; cluster; batch; blok; lot

~ взаимно проникающих выборок network of sample

делимый на ~ ы group divisible

модальная ~ modal group

группирование grouping, classification

грубое ~ wide grouping

группировать group, classify

группировк//а grouping; pooling; clastering; classification

~ данных grouping of data

~ классов pooling of classes

~ наблюдений observation taken in groups

~ по двум признакам two-way classification

~ по качеству qualitative grouping

длина интервалов ~ и class length

интервал ~ и class interval

группов//ой group, grouped, raw

~ момент raw moment, group moment

~ ая таблица grouping table

~ ое обслуживание bulk service

грушевидный pear-shaped

густо densely, thickly

густой dense, thick

густота density, thickness

Д

давление pressure; stress

дальнейш//ий further; subsequent

~ ая продолжительность expectation of life

дальнодействие long-run action

данное (*ед. ч. от "данные"*) datum

данны//е data; information; particulars; records

~, зависящие от времени time replicated data

~ за длительный период времени historical data

~ ограниченного доступа classified data

~ отсутствуют data are not available

~ переписи населения population census data

~ с поправкой на ... adjusted data

~ с поправкой на сезонные колебания seasonally adjusted data

база ~ x data base

базовые ~ basic data, reference data

временные ~ provisional data

входные ~ entries, input data, data-in

выходные ~ output data, data-out

дискретные ~ sampled data

дистанционная обработка ~ x data remote processing
достоверные ~ reliable data, valid data
доступные ~ available data
запись ~ x data recording
имеющиеся ~ *см.* доступные ~
исходные ~ initial data, benchmark data
исчерпывающие ~ comprehensive data
качественные ~ qualitative data
косвенные ~ collateral data, substituted data
накопленные ~ accumulated data, historical data
недостоверные ~ invalid data
неполные ~ incomplete data
обработка ~ x data handling, data processing
опытные ~ experimental data
оценочные ~ rating data, estimated data
первоначальные ~ initial data, raw data, primary data
помесячные ~ monthly data
предварительные ~ preliminary data
преобразование ~ x data conversion
приблизительные ~ crude data
приводить ~ cite data
репрезентативные ~ representative data

сбор ~ x data gathering
сводные ~ aggregate data, summary data
сглаживание ~ x data smoothing
сгруппированные ~ integrated data, grouped data
систематизировать ~ organize data
скорректированные ~ adjusted data
совокупные ~ *см.* сводные ~
сопоставимые ~ comparable data
справочные ~ reference data
статистические ~ statistical data
табличные ~ tabular data
текущие ~ current data
точные ~ accured data, precise information
упорядоченные ~ ranked data, ordered data
управляющие ~ control data
усеченные ~ truncated data, censored data
уточненные ~ refined data
фактические ~ за прошлый период historical data
экспериментальные ~ test data, experimental data

дата date

датчик monitor; controller; meter; transducer; transmitter; sensor

~ времени timer

~ случайных чисел random number generator

двигать move

движение motion, movement

  ~ в противоположную сторону advise movement

  гармоническое ~ harmonic movement

движущийся moving

  ~ объект moving object, moving target

двоеточие colon

двоичн//ый binary

  ~ ая дробь dual fraction, dyadic fraction

  ~ ая система счисления binary number system, binary notation

  ~ о-десятичный binary-decimal, coded decimal

  ~ о-кодированный binary coded

  ~ ое число binary digit

двойно//й dual; double; compound; tow-base

  ~ счет double accounting, double counting

  ~ е отношение cross-ratio

двойственност//ь duality; ambivalence

  ~ себе self-duality

  теорема ~ и duality theorem

двойственн//ый dual, ambivalent

  ~ себе self-dual, self-reciprocal

  ~ ая задача dual problem

  ~ ые оценки dual prices, shadow prices, objectively determined valuations

  ~ ые цены *см.* ~ ые оценки

двояко in two ways, double

двояковогнутый concavo-concave, double concave, biconcave

двояковыпуклый convexo-convex, double convex, biconvex

дву- bi-, di-, two-

двугранный dihedral

двузначность two-valued property

двузначный two-valued, two-digit, two-to-one

двукратный repeated, double, reiterated

двумерн//ый bivariate, two-demensional

  ~ ое распределение bivariate distribution

двусвязный doubly-connected

двусмысленность ambiguity

двусмысленный ambiguous, equivocal

двусторонне bilateral; two-way

  ~ ограниченный критерий double-tailed test

  ~ инвариантный bilaterally invariant

двусторонн//ий bilateral, two-side, double-sided

  ~ яя классификация two-way classification

  ~ яя оценка estimate giving upper and lower bounds

двуточечно pair-wise
двуточечный two-point, double point, pair-wise
двууголъник lune, figure having two angels
двух- bi-, di-, two-
двухвариантный bivariant
двухвидов//ой two-way
 ~ ая классификация two-way classification
двухвыборочный two-sample
двухгранный *см.* двугранный
двухкомпонентный two-component
двухпутевой two-way
 ~ канал связи two-way communication channel
двухсерийный biserial, diserial
двухсторонний *см.* двусторонний
двухступенчатый two-step, two-stage, two-phase, two-level
двухуровнев//ый two-level, two-tier
 ~ ая система two-tier system
двучлен binomial
двучленный binomial
дебит debit, yield, output
деблокирование unblocking
деблокировать unblock
девальвация devaluation
девальвировать devalue
девианта deviation, variance
девиация deviation
дедуктивно deductively
дедуктивный deductive
дедукция deduction
дезагрегация disaggregation

~ информации data disaggregation
~ данных *см.* ~ информации
дезагрегирование *см.* дезагрегация
дезинтеграция disintegration
дезинформация misinformation
дезориентация disorientation, disorder
действенность effectiveness, efficiency, activity
действенный efficient, effective, active
действи//е act, action; operation; effect; rule
косвенное ~ indirect action
математическое ~ mathematical operation, math operation
ответное ~ response
прямое ~ direct action
область ~ я scope of action, area of action
пространство ~ я action space
действительно really; in fact; real
~ замкнутый real-closed
~ -значный real-valued
действительность reality, validity
действительный real; true; actual; present
действовать act; operate; function
действующий operating, acting, effective

декада decade
декартово Cartesian
~ произведение Cartesian product
деквантификация dequantification
декодирование decoding
декодировать decode
декодируемость decodability
декомпиляция decompiling
декомпозиционный decomposition
декомпозиция decomposition
делать do; make
~ выводы draw a conclusion, conclude
деление dividing, division, partition
~ без остатка exact division
~ круга cyclotomy
~ пополам bisection
деленый divided
~ на... divided by..., divided into...
делимое divident
делимость divisibility
делимый divisible
делитель divisor, divider
~ нуля zero divisor
наибольший общий ~ greatest common divisor
делить divide (into)
дело business; matter; affair; case
деловой business
~ цикл business cycle, trade cycle
демографически//й demographic, demographical

~ цикл demographic cycle
~ е показатели demographic indices, indicators of demographical trends
демография demography
демпинг dumping
демфирование damping, shock absorption, buffer action
демфированный damped, damped out
демфировать damp (out)
денежн//ый pecuniary, money, monetary; financial
~ капитал money capital
~ оборот money turnover
~ ая единица monetary unit
~ ая плата pecuniary payment
~ ая цена absolute price, money price
~ ая экономика money economy, pecuniary economy
~ ое накопление pecuniary accumulation, money saving
~ ые средства money means
деньги money
~ как масштаб цен numeraire
бумажные ~ feduciary
дешевые ~ cheap money
дорогие ~ dear money
наличные ~ cash
неполноценные ~ fiat money
полноценные ~ full-bodied money
трудные ~ tight money
депозит deposit

депресси//я depression; slump, decline; downturn
   период ~ и phase of contraction

дерево tree, graph
   ~ игры game tree
   ~ решений decision tree
   ~ целей relevance tree, aims tree

дескриптивн//ый descriptive, description
   ~ подход descriptive approach
   ~ ая модель description model

дескрипция description

десятичн//ый decimal
   ~ знак decimal point
   ~ логарифм common logarithm
   ~ ая дробь decimal fraction
   ~ о-двоичный decimal-binary

детализация specification; detailing; refinement
   ~ знаний knowledge refinement

детализированный detailed; disaggregated

деталь detail; component

детектор detector

детерминант determinant

детерминанта *см.* детерминант

детерминация determination
   последовательная ~ incremental determination
   частная ~ separate determination

детерминированный determinated, determined

детерминистский deterministic

дефект defect, spot
   значительный ~ major defect
   критический ~ critical defect
   незначительный ~ minor defect
   несущественный ~ incidental defect
   скрытый ~ hidden defect

дефектный defective; imperfect; faulty

дефиниция definition

дефицит deficit, deficient, deficiency
   ~ государственного бюджета state budget deficit, government deficit
   ~, оцененный по потенциальному национальному доходу cyclically adjusted deficit, full-employment deficit, high-employment deficit

дефицитность deficit, deficiency, scarcity
   ~ ресурсов scarcity of resources

дефицитн//ый scarce, deficient, deficit
   ~ ое бюджетное финансирование deficit spending

дефлировать deflate

дефлятор deflator

дефляционн//ый deflationary, deflationist
   ~ разрыв deflationary gap

~ ая политика deflationary [deflationist] policies
~ ые меры deflationary measures
дефляция deflation
деформаци//я deformation; distortion; strain
тензор ~ и strain tensor
деформировать deform; distort
децентрализация decentralization
ециль decile
дешифратор decipherer, decoder
дешифровать decipher
деятельность activity, activities, work
ди- di-, bi-, two-
диагноз diagnose
диагностика diagnostics
диагностирование diagnosis
диагонализация diagonalization
диагонализируемость diagonalibility, diagonalizability
диагонализуемость см. диагонализируемость
диагонализуемый diagonalizable, diagonalized
диагональ diagonal
главная ~ leading diagonal, main diagonal, principal diagonal
диагональн//ый diagonal
~ я матрица diagonal matrix
диаграмма diagram, chart, figure
~ дисперсий scatter diagram
~ квантилей quantile diagram, fractile diagram
~ количественных изменений arithmetic chart
~ нарастающих сумм cumulative sum chart
~ потоков данных data flow chart
~ сравнения рядов strata chart
~ фаз phase diagram
арифметическая ~ arithmetic chart
корреляционная ~ correlation diagram
круговая ~ circular chart
ленточная ~ horisontal bar chart
процентная ~ percentage diagram
столбиковая ~ column diagram, bar diagram
столбчатая ~ bar diagram
точечная ~ dot chart
диалектика dialectics
диалог dialog
диалоговый conversational
диаметр diameter
диаметрально diametrically
~ противоположный diametrically opposite
диаметральный diametrical
диапазон range; compact; span; spectral band; diapason
~ возможностей range of options
~ допустимых значений tolerance range

~ значений ошибки error span
~ порядков чисел order range
~ чисел number range
~ шкалы scale range
дивектор divector, screw
дивергенция divergence
диверсификация diversification
дивиденд divident
дидактика didactics
дизъюнктивный disjunctive
дизъюнктивность disjunctiveness, disjunction
дизъюнкция disjunction
дилемма dilemma
динамика dynamics, movement
~ цен price behavior, price dynamic
~ производительности productivity movement
динамическ//ий dynamic, dynamical
~ подход dynamic approach
~ ряд time series
~ ая модель dynamic model
~ ая система dynamic system
~ ое программирование dynamic programming
~ ое равновесие dynamic equilibrium
директива directive, guideline
директивный directive
~ план plan target
директриса directrix
дирижизм dirigisme
дисбаланс imbalance
диск disk, disc; plate
гибкий ~ floppy disk, diskette, data disk
двусторонний ~ double-side disk
жесткий ~ hard disk
односторонний ~ single-side disk
дискет diskette, floppy disk, data disk
дискета *см.* дискет
дисконт discount
дисконтирование discounting
~ во времени time discounting
дисконтинуум discontinuum
дисконтировать discount
дискретно discretely
дискретность discretion
дискретн//ый discrete
~ процесс discrete process
~ ая модель discrete model
~ ое время discrete time
~ ое программирование discrete programming
~ ое распределение discrete distribution
дискриминант discriminant
дискриминантн//ый discriminant
~ анализ discriminant analysis
~ ая функция discriminant function, discriminator
дисперсионн//ый dispersion, variance
~ анализ analysis of variance, variance analysis
~ ая матрица dispersion matrix

~ ое отношение variance ratio
дисперси//я variance, dispersion, scattering
~ между классами interclass dispersion [variance]
~ ошибки error variance
внутренняя ~ interval variance [dispersion]
компонента ~ и component of a variance
межгрупповая ~ variance between groups, external variance
обобщенная ~ generalized variance
остаточная ~ residual variance
относительная ~ relative variance
расщепление ~ и splitting of variance
случайная ~ random variance
способ понижения ~ и variance reduction method
условная ~ conditional variance
дисперсный dispersible
дисплей display, screen
диспропорциональный disproportional
диспропорция disproportion
дистанционный distant, remote
дистанция distance, interval, range
дистрибутивность distributivity
дистрибутивный distributive
дисциплина discipline
дифферент trim
дифференциал differential
дифференциальн//ый differential
~ ая рента differential rent
~ ое уравнение differential equation
~ ые затраты national economy cost
~ ые показатели differential figures
дифференциатор differentiator
дифференциация differentiation
дифференцирование differentiation, derivation
дифференцированный differentiated
дифференцировать differentiate, distinguish
дифференцируемость differentiability
дифференцируемый differentiable
диффузия diffusion
дихотомизированный dichotomized
дихотомический dichotomous
дихотомия dichotomy, all-or-none data
длин//а length; path
~ интервала группировки class length
в ~ **у** lenthwise
длительность duration; lenth
дно bottom; ground

добавка addition; component

добавление addition, supplement; bonus; allowance

добавленн//ый additional, further
~ ая стоимость value added, VA

добавочны//й additional, further
~ е издержки supplementary cost

довери//е confidence, trust, credit
степень ~ я degree of confidence

доверительн//ый confidence, fiducial
~ интервал confidence interval
~ ая вероятность fiducial probability
~ ое оценивание estimation by means of confidence regions
~ ое распределение fiducial distribution
кратчайшие ~ ые интервалы shortest confidence intervals

довод reason, argument
~ от незнания argument from ignorence
обоснованный ~ grounded reason, fixed reason

догадаться conjecture, surmise

догадка conjecture, guess, surmise

догадываться *см.* догадаться

догма dogma

догматичный dogmatic

договор contract, agreement, treaty

договорн//ый contractual; agreed; treaty, of a pact
~ ая кривая contract curve

доза dose, batch

доказанный proved, that which has been proved

доказательный demonstrative; convincing; conclusive

доказательство proof, evidence; demonstration; argument
~ от противного indirect proof
косвенное ~ *см.* ~от противного

дока//зать prove, demonstrate
~ жем we shall prove, let us prove
что и требовалось ~ QED

доказуемый demonstrable, provable

доказывать *см.* доказать

доктрина doctrine

долг debt
неоплатный ~ irredeemable debt

долговечность durability, service life

долговременный durable; lasting

долголетний long-lasting

долгосрочн//ый long-term, longrun, longrange
~ ое прогнозирование long-run forecasting

должник debtor

доля (*часть, количество*) proportion; part, portion; segment; fraction; rate; share; quota; lot
~ **брака** proportion of defective
~ **выборки** sampling fraction
~ **несчастных случаев** accident rate
~ **смертности** death rate

доля (*участь, судьба*) lot, fate

домашн//ий house, home, domestic
~ **ее хозяйство** household economy

доминирование dominance, domination, prevalence
~ **альтернатив** alternatives dominance

доминировать dominate, prevale, predominate

доопределение extension, extension of a definition, supplementing of a definition, determination

дополнение addition; supplement; complement; comlementation
~ **до единицы** one's complement
~ **множества** complement of a set
~ **нулями** zero padding
~ *A* **до полного пространства** the comlement of *A* with respect to the whole space
алгебраическое ~ cofactor

дополнительн//ый supplemental, supplementary; extra, incremental, ancillary, auxiliary; complementary, complement; further; adjugate
~ **ая информация** supplemental [ancillary] information
~ **ое ортогональное пространство** orthogonal complement

дополнить complement, supplement; add to; amplify

дополняемый complemented

дополнять *см.* дополнить

дополняющ//ий complement, complementary
~ **ая нежесткость** complementary slackness

допуск tolerance, admittance

допускаемый specified, tolerated, admitted
~ **предел** specification limit
~ **риск** tolerated risk

допус//кать assume, allow, suppose
~ **кая** assuming, allowing, supposing, if we assume
~ **кая противное** assuming the contrary, if we assume the contrary
~ **тим** let us take, let us assume

допустимость admissibility, permissibility; acceptability; feasibility

допустим//ый admissible, permissible; acceptable; feasible
~ **интервал изменения качества** acceptable quality range

~ многогранник feasible polyhedron

~ план feasible plan

~ ое решение feasible solution, feasible plan

~ ое состояние системы feasible state of a system

~ ые пределы tolerance limits

допущение assumption, hypothesis

досрочно ahead of time

доставить supply, delive, provide

доставка delivery

доставлять см. доставить

достаточность sufficiency

достаточный sufficient

достижение achievement

достижимый attainable; accessible

достоверность reliability; certainty; significance; truth; validity

~ информации reliability of information

достоверн//ый reliable; certain; sure; authentic

~ ое событие certain event

доступ access

доход income

~ в личном распоряжении disposable personal income

~ ы факторов производства factor incomes

валовой ~ gross income

конечный ~ final income

национальный ~ national income

предпринимательский ~ enterpreneurial income

совокупный ~ gross income

средний ~ на душу населения per capita income

доходность rentability, profitability, profitableness

доходный profitable

дочерн//ий branch; daughter

~ яя компания subsidiary company

драйвер driver

дрейф drift, leeway

дробн//ый fractional

~ о-квадратичный quadratic fractional

~ о-линейный linear-fractional, bilinear

дроб//ь fraction, quotient

десятичная ~ decimal fraction

непрерывная ~ continued fraction

производная ~ и derivative of a quotient

простейшая ~ partial fraction

дуализация dualization

дуализировать dualize

дуализм dualism

дуальный dual

дубликат duplicate, replica, copy

дублирование duplication, replication

дублировать duplicate, double; copy

дуга arc, arch

дуговой arc

дугообразно arc-wise
дугообразный arched, bow-shaped, arc, arc-wise
дуополия duopoly
дуопсония duopsony
дыра hole, perforation
дырка *см.* дыра
дюжина dozen

Е

евклидов//ый Euclidean
 ~ а геометрия Euclidean geometry
 ~ о пространство Euclidean space
едва hardly, only, just
единица unit; identity; element; one; unity
 ~ времени time unit
 ~ второго порядка secondary unit
 ~ выборки sampling unit
 ~ длины unit of length
 ~ измерения unit, computing unit, unit of measurement, unit of measure
 ~ измерения шкалы scale unit
 ~ информации datum, information unit
 ~ масштаба computing unit
 ~ первого порядка primary unit
 ~ счёта count, unit of accounting, tally
экономическая ~ entity

единичн//ый unit; single; individual; identity; monic; unitary; isolated
 ~ ая окружность unit circle
 ~ ое производство job production, single-piece production, individual construction
единовременно once only, once
единовременный (*одновременный*) simultanious, synchronous
единогласный unanimous
единообразие uniformity
единообразный uniform
единственно uniquely, only, solely
 ~ возможный the only (one) possible
единственност//ь uniqueness
 теорема ~ и uniqueness theorem
единственный unique, only, sole, one and only
единство unity
 ~ целей identity of aims, identity of purpose
един//ый single; individual; united; common
 ~ и неделимый one and indivisible
 ~ налог single tax
 ~ тариф single-schedule tariff, general tariff
 ~ ая система ЭВМ, ЕС ЭВМ united system of computers
ежегодно every year, per annum
ежегодный annualy, yearly

ежеквартальный quarterly
ежемесячный monthly
ежеминутный continual, incessant
ёмкость capacity, volume, capacitance
 ~ памяти memory capacity, store capacity
 ~ регистра register length
цифровая ~ digit spacing
естественно naturally
естественн//ый natural
 ~ порядок natural order
 ~ рост населения natural increase of population
 ~ ая монополия natural monopoly
 ~ ые ресурсы natural resources

Ж

жеребьевка tossing, sortiration, draw
жестк//ий hard, tight
 ~ контроль tightened inspection
 ~ ое бюджетное ограничение hard budget constraint
живучесть survivability, robustness
жизнь life
жизненный life
 ~ цикл life cycle
жреби//й toss, lot, draw
по ~ ю randomly, by lot

З

за at; after; behind; beyond, beyond the bounds; by; for; over; outside, the other side of
 ~ и против for and again, pro et con
 ~ отсутствием in the absence (of)
 ~ последний год for the last year
 ~ пределами beyond
день ~ днем day after day
заблуждение error, fallacy, delusion
заведомо automatically, trivially, a priori, knowingly
зависание hang over
 ~ программы hang-up
зависеть depend (on)
зависимост//ь dependence, relation, function
 ~ от предыдущих величин anterdependence
 ~ признаков dependence of characteristics
в ~ и от ... depending on ...
взаимная ~ interdependence
обратная ~ inverse relation
прямая ~ direct relation
статистическая ~ statistical dependence
стохастическая ~ stochastic dependence
эмпирическая ~ empirical dependence, empirical equation

зависимый dependent
~ спрос dependent demand
завышенный overstated, excessive
загрузка load, loading
задаваемый prescribed, defined (by)
задавать set, assign, give, pose; define; plot
задание task, job; assignment; represantation
заданный given; prescribed; defined
наперед ~ preassigned
задать *см.* задавать
задача problem, task
~ в реальном времени real-time problem
~ выбора кратчайшего маршрута shortest route problem
~ замещения replacement problem, renewal
~ календарного планирования scheduling problem
~ линейного программирования linear programming problem
~ максимизации maximization problem
~ массового обслуживания congestion problem, queueing problem, waiting line problem
~ минимизации minimization problem
~ на условный экстремум constraint extremum problem

~ нелинейного программирования nonlinear programming problem
~ об оптимальном быстродействии time optimal control problem
~ об оценке результатов голосования ballot problem
~ о бродячем торговце travelling salesman problem
~ о встрече encounter problem
~ о коммивояжере *см.* ~ о бродячем торговце
~ о назначениях problem of allocation, assignment problem
~ о перевозках transportation problem
~ о поставщике caterer problem
~ о ранце knapsack problem, loading problem
~ о столкновениях encounter problem
~ о хранении на складе warehousing problem
~ оценивания estimation problem
~ планирования planning problem
~ планирования производства activity analysis problem, activity scheduling problem
~ поиска search problem
~ размещения location problem
~ разорения ruin problem

~ распределения ресурсов resource allocation problem
~ совпадения coincidence problem
~ с разрывной функцией цен fixed charge problem
~ упорядочения ordering problem
~ учета и отчетности accounting problem
~ хранения inventory problem, inventory control problem

вычислительная ~ computational problem
двойственная ~ dual problem
классическая ~ математического программирования classical programming problem
краевая ~ boundary value problem
прикладная ~ application problem
системная ~ system task
транспортная ~ traffic problem, transportation problem
транспортная ~ с ограничениями по пропускной способности capacitated Hitchcock problem
управленческая ~ management problem
экономическая ~ business problem

задерживатель delayer
задерживать detain, delay, keep off; retard
задержка delay, lag
заем borrow
заказ order
заключать (*содержать в себе*) enclose, include, contain
~ в себе imply
заключать (*делать выводы*) conclude, infer
заключение (*помещение внутрь чего-л.*) inclusion, confinement
~ в скобки bracketing
заключение (*вывод*) conclusion, inference
заключенный (*содержащийся в чем-л., помещенный внутрь чего-л.*) contained, confined, concluded, included
закодированный coded
закодировать code, encode
закон law, rule; principle; act, statute
~ больших чисел law [rule] of large numbers
~ исключения третьего law of the excluded middle
~ итеративного логарифма law [rule] of iterated logarithm
~ малых чисел law [rule] of small numbers
~ насыщения потребностей law of satiable wants
~ необходимого разнообразия law of requisite variety

~ повторного логарифма *см.* ~ итеративного логарифма

~ постоянной доходности law of constant return

~ постоянной отдачи *см.* ~ постоянной доходности

~ равной вероятности equal probability law [rule]

~ равномерного устранения law [rule] of uniform seniority

~ распределения distribution law [rule]

~ сложения взаимно несовместимых событий addition law [rule] for mutually exclusive events

~ соответствия производственных отношений характеру производительных сил law of consistency between the relations of production and the nature of the productive forces

~ спроса и предложения law of supply and demand

~ стоимости law of value

~ убывающего плодородия law of diminishing returns

~ убывающей доходности *см.* ~ убывающего плодородия

~ убывающей предельной полезности law of diminishing marginal utility

~ Энгеля Engel's law

объективный экономический ~ objective economic law

усиленный ~ больших чисел strong law [rule] of large numbers

устойчивый ~ stable law [rule]

закономерность regularity, conformity

закрыт//ый closed

~ая модель closed model

замедление deceleration; retarding; slowing down; delay

~ экономического роста deceleration of economic growth

замедленный delayed; retarded; decelerated

замедлять slow down; retard; decelerate

замена substitution, replacement; change, exchange, interchange, interchanging

~ переменных change of variables

заменимость interchangeability, replaceability

заменимый interchangeable, replaceable

заменитель substitute

заменить substitute; replace; interchange

заменяемость *см.* заменимость

заменяемый *см.* заменимый

заменять *см.* заменить

замещающий substituting

~ выбор importance sampling

замещение substitution

замкнутость closure, completeness

замкнут//ый closed, isolated, closure
  ~ цикл closed loop
  ~ ая петля см. ~ цикл
  ~ ая система closed system
  ~ ая экономика closed economy
замкнуть close
замыкать см. замкнуть
занесение recording, entering
  ~ в файл filing
занумерованный numbered, indexed
занумеровать number, numerate, index
занумеровывать см. занумеровать
заострение cusp, point
заостренный pointed, peaked, cusped
  ~ конус pointed cone
запаздывание delay; lag; lateness
запаздывать be late; lag, lag behind; retard
запаздывающий lagging; retarded, retarding
запас store, supply, stock; reserve; inventory
  ~ надежности safety margin
запись record, recording; writing; notation; listing; entry
  ~ данных data recording, data storage
  контрольная ~ reference recording
  матричная ~ matrix notation
  символическая ~ symbolic notation
  эталонная ~ master record
заполнение filling, completing
  ~ нулями zero fill
  ~ файла file population
заполненность population
заполненный completed, solid, filled
заполнять fill (out)
запоминание mention; reminder; memory; storage, storing
запоминать remember; memorize; store
запрет exclusion; prohibition, ban; inhibit, inhibition
запрещать forbid, ban, prohibit, inhibit
запрос inquiry; request; query
  ~ к базе данных database query
запятая comma, decimal point
заранее a priori
зарплата wage; earnings
затабулировать tabulate
заторможенный braked; deferred
затормозить brake; hinder; slow down
затрат//а expenditure; outlay; input
  ~ ы замещения substitution costs
  ~ ы обратной связи inversely related expenditures
  ~ ы труда labour costs
  анализ затрат input analysis
  вектор затрат input vector
  замыкающие ~ ы limit costs
затухани//е damping, decay; dying out; fading; attenuation

экспоненциальное ~ exponential decay
коэффициент ~ я damping factor
затухать damp, fade, be damped; die down
затухающ//ий damping, fading
~ ее колебание damped oscillation
~ ее отображение fading mapping
затухнуть *см.* затухать
зацикливание cycling
защита protection
~ данных data protection
звезда star
звездочка asterisk
звено link; unit; group; component, element
динамическое ~ dynamic element
дифференцирующее ~ differentiator
запаздывающее ~ delay component
инерционное ~ aperiodic network, aperiodic circuit, inertial section
интегрирующее ~ integrator, integration network, integrating network, integrating factor
интегро-дифференцирующее ~ lead-lag circuit
формирующее ~ shaping network
зеркальн//ый mirror, mirror-like, specular

~ ое отображение specular reflection
зигзаг zigzag
зигзагообразный zigzag
знак sign, symbol; character; mark; label
~ "больше" right angle
~ корня radical sign
~ "меньше" left angle
~ отношения relator
~ порядка числа exponent sign
~ пунктуации punctuation symbol
~ равенства equals sign
~ суммирования summation sign
~ числа number sign
двоичный ~ binary digit, bit
критерий ~ ов sign test
маркировочный ~ mark, label
разделительный ~ separator
знакоопределенность property of having fixed sign
знакоопределенный of fixed sign
знакопеременный with alternating signs, skew symmetric, alternating
знакоположительный of positive term
~ ряд series of positive term
знакопостоянный of constant signs, of constant terms
знакочередующийся alternating in sign, alternating
~ ряд alternating in series

знаменатель denominator, ratio
   общий ~ common denominator

знания knowledge
   ~ о методах решения задач problem-solving knowledge
   экспертные ~ expert knowledge

значащ//ий significant
   ~ разряд significant digit
   ~ элемент non-zero element, significant element
   ~ая цифра *см.* ~ разряд

значени//е value; meaning, sence, significance; valuation
   ~ параметра parameter point
   ~ функции function value
   взвешенное ~ weighted value
   выборочные ~я sampling values
   выправленное ~ corrected value
   выскакивающее наблюденное ~ outlying observed value
   измеренное ~ measured value, observed value
   иметь ~ mean
   истинное ~ ideal value, true value
   краевое ~ boundary value
   крайнее ~ extreme value
   кумулятивные ~я summation values, cumulative values
   наблюденное ~ observed value
   наивероятнейшее ~ most probable value
   ожидаемое ~ expected value
   пороговое ~ threshold value
   присваиваемое ~ assigned value
   произвольное исходное ~ arbitrary reference value
   резко отклоняющееся ~ outlier
   серединное ~ median value
   собственное ~ eigenvalue
   среднее ~ mean value
   среднее ~ выборки mean sampling value
   фиксированное ~ fixed value, specified value

значимост//ь significance, importance
   ~ выборки importance of a sample
   критерий ~и significance test
   предел ~и significance limit
   уровень ~и significance level, size of a (rejection) region

значимый significant

-значный -valued
   n-~ n-valued

золот//ой golden
   ~ая середина golden mean
   ~ое правило golden rule

зона zone
   ~ действия effective zone
   ~ неопределенности uncertainty region

зональность zonality

И

игр//а game; play
- ~ автоматов game between automata, automata game
- ~ в обобщенной форме extensive game
- ~ в развернутой форме game in an extensive form
- ~ на истощение attrition game
- ~ на ускользание eluding game
- ~ нескольких игроков multi-person game
- ~ природы freak of nature
- ~ с возможностью кооперирования cooperative game
- ~ с единичным наблюдением числовой величины game with a numerical value
- ~ с идеальной памятью game with perfect recall
- ~ случайных факторов play of random factors
- ~ случая play of chance
- ~ с неточной передачей информации game with inexact information
- ~ с нулевой суммой zero-sum game
- ~ с ограничениями constrained game
- ~ с полной информацией game with perfect information
- ~ с последовательной выборкой sequential game
- ~ с постоянной суммой constant sum game
- ~ с фиксированным объемом выборки fixed sample-size game

административная ~ management game
азартная ~ game of chance, gambling
безобидная ~ fair game
бескоалиционная ~ non-cooperative game
бесконечная ~ infinite game
вполне смешанная ~ completely mixed game
деловая ~ business game
конфигурационная ~ block design game
кооперативная ~ см. ~ с возможностью кооперирования
мажоритарная ~ majority game
матричная ~ matrix game
минорантная ~ minorant game
многоходовая ~ multi-monic game
непрерывная ~ continuous game
полностью редуцированная ~ completely reduced game
разделенная ~ disjunctive game
разделимая ~ separable game
рыночная ~ market game

сетевая ~ network game
теория игр theory of games
эквивалентные ~ ы equivalent games
экономическая ~ economic game
игрок gambler, player
идентификатор identifier
идентификация identification
идентифицировать identify
идентифицируемость identifiability
идентичный identical
идеология ideology
идея idea, gist
идиома idiom
идиоматический idiomatic
иерархическ//ий hierarchial
~ **ая структура** hierarchial structure
иерархия hierarchy
избыток excess, glut
избыточность redundancy, excessiveness
избыточн//ый redundant, surplus, excessive, excess
~ **спрос** excess demand
~ **ая информация** redundant information
~ **ое число** abundant number
извлекать extract
~ **корень** extract the root
извлечение extraction
~ **данных** data extraction
~ **корня** taking the root
извлечь см. **извлекать**
изгиб bend, curve; winding; flexion

изготовитель manufacturer, producer
издерж//ки cost, costs, expenses; overheads
~ **на оплату рабочей силы** labour costs
~ **производства** cost of production
~ **утраченных возможностей** opportunity cost
косвенные ~ indirect costs [expenses]
кривая ~ ек cost curve
метод сравнительных ~ ек comparative cost technique
неявные ~ implicit costs
правило наименьших ~ ек least cost rule
предельные ~ marginal cost
приростные ~ incremental costs
прямые ~ direct costs [expenses]
скрытые ~ hidden cost
снижение ~ ек cost cutting
совокупные ~ total cost
суммарные ~ см. **совокупные ~**
удельные ~ unit cost
уравнение ~ ек cost equation
элементы ~ ек cost elements
изложение exposition; presentation
излом break, fracture
излишний superflous; unnecessary; unwaranted; abundant
изменени//е change; alteration; variation

~ масштаба scaling
~ нормировки renormalization
~ произвольных постоянных variation of parameters
несистематическое ~ erratic change
функция с ограниченным ~ ем function of a bounded variation
область ~ я функции range of a function
сделав соответствующие ~ я mutatis mutandis
изменчивост//ь changeability; variation, variability; variance
~ признака mutability of property, variability of characteristics
коэффициент ~ и coefficient of variation
изменяемость variability
изменяем//ый variable; changeable
~ ая величина variable
изменить change; alter
изменяться vary; change, be changed
изменять *см.* изменить
изменяться *см.* измениться
измерение (*снятие мерок, показаний*) measuring, measurement; reading
~ углов goniometry
~ экономических величин economic value measurement
измерени//е (*показатель, параметр*) score; dimension, measurements

число ~ й number of dimensions
выровненные ~ я adjusted measurements
расходящиеся ~ я divergent measurements
сопряженные ~ я conditioned measurements
измеримый measurable
измеритель measuring instrument, gauge, index
измерить measure
измерять *см.* измерить
изначальный initial
износ attrition; wear-and-tear
~ капитала capital attrition
изобилие abundance
изображение representation, image, presentation, transform
изогенный isogenous, of the same
изогнутость curvature, state of being curved
изогнутый bend, curved
изокванта isoquant
изоклина isocline, ridge line
изоклиналь *см.* изоклина
изокоста isocost
изометрия isometry
изоморфизм isomorphism
изоморфно isomorphically
изоморфный isomorphic
изопериметрия isoperimetry
изотропия isotropy
изоэнтропический isentropic, iso-entropic, of equal entropy
изоэнтропия isentropy, iso-entropy

имеющийся available
  ~ в наличии available
имитатор simulator
имитация imitation, simulation, animation
имитирование *см.* имитация
имитировать imitate
иммиграция immigration
импликативный implicative
импликация implication
импредикабельность impredicativity, impredictability
импредикабельный impredictable
импульс impulse; pulse; momentum
имя name
инвариантность invariance
инвариантный invariant
  двусторонне ~ bilaterally invariant
инверсия inversion, reversal, inverting
ингредиент ingredient
  ~ ы технологического способа ingredients of technological mode
индекс index (*мн. ч.* indices), index number; subscript
  ~ базы данных data base index
  ~ занятости index of activity
  ~ заработной платы wage index
  ~ корреляции correlation index
  ~ несоответствия disconformity index
  ~ -нуль index-zero
  ~ переменного состава index number with changed weights
  ~ постоянного состава index number with constant weights
  ~ рассеивания diffusion index
  ~ с поправками adjusted index
  ~ с поправкой на уровень trend-adjusted index
  ~ с поправкой на сезонность seasonally adjusted index
  ~ с постоянным базовым периодом fixed base index
  ~ соответствия index of conformity
  ~ стоимости index of value
  ~ стоимости жизни cost of living index
  ~ структуры index of shift in proportions
  ~ физического объема index of actual volume
  ~ фиксированного состава index number with fixed weights
  ~ цен price index
  агрегатный ~ aggregative index
  взвешенный ~ weighted index
  верхний ~ superscript
  нижний ~ subscript
  сглаженный ~ rectified index number
  составной ~ aggregate index

цепной ~ chain index
индексирование indexing
индефинитный indefinite
индивид individual
индивидуум *см.* индивид
индикативн//ый indicative
~ ое планирование indicative planning
индикатор indicator, compiler of an index
индикатриса indicatrix, index
индуктивно inductively
индуктивность inductance
индуктивный inductive
индукция induction
индустриальн//ый industrial
~ ая динамика industrial dynamics
~ ое общество industrialized society
инертность inertness, sluggishness, inertia
инертный inert, inactive
инерционный inertial
инерция inertia, momentum
инициализация initialization
инородность heterogeneity
институциональный institutional
инструкция instruction
инструментальн//ый instrumental; tool-making
~ ая переменная instrumental variable
инструментарий tools
интеграл integral
~ вероятности ошибки error function integral

~ ошибок error integral, error function integral
двойной ~ double integral
неопределенный ~ indefinite integral
определенный ~ definite integral
n-кратный ~ n-fold multiple integral
интегральн//ый integral
~ критерий integral criterion
~ ая схема integration circuit, IC
интеграция integration
интегрирование *см.* интеграция
~ по частям integration by parts
интегрированн//ый integrated
~ ая система управления integrated management system
интегрировать integrate
интегрируемость integrability
интегрируемый integrable
интегрирующ//ий integrating
~ множитель integrating factor
~ ее устройство integrator
интегродифференциальный integro-differential
интеллект intelligence
искусственный ~ artificial intelligence
интеллектуальный intelligent
интенсивность intensity
интенсивный intensive

~ рост intensive growth
интенсификация intensification
интерактивный interactive
~ режим interactive mode
интервал interval; space
~ группировки class interval
~ между доверительными границами confidence interval; error band
~ неизменности non-change interval
длина ~ а группировки class length
доверительный ~ confidence interval
допустимый ~ изменения качества acceptable quality range
кратчайшие доверительные ~ ы shortest confidence intervals
нецентральный доверительный ~ non-central confidence interval
предположительный ~ predition interval
с ~ ами at intervals
середина ~ а группировки midpoint of the class; class mark
интервальн//ый interval
~ ряд interval series
~ ая оценка interval estimation
интерес interest; profit
интерполирование interpolation

интерполировать interpolate
интерполяция *см.* интерполирование
интерпретатор interpreter
интерпретация interpretation
интерпретировать interpret
интерфейс interface
интерференция interference
интранзитивный intransitive
интуиция intuition
инфиниум infinium
инфляция inflation
~, вызванная несоответствием спроса и предложения в отдельных отраслях structural inflation
~, вызванная ожиданием роста цен expectational inflation
~, вызванная повышением регулируемых цен administrative inflation
~, вызванная превышением предложения над спросом supply-push inflation
~, вызванная превышением спроса над предложением demand-pull inflation
~, вызванная ростом доли прибыли в ценах profit-push inflation
~, вызванная ростом заработной платы wage inflation
~, вызванная ростом издержек cost-push inflation
~, темпы которой выражаются двузначными числами double-digit inflation

галопирующая ~ galloping inflation, runaway inflation
импортируемая ~ imported inflation
контролируемая ~ controlled inflation
открытая ~ open inflation
ползучая ~ creeping inflation
сдерживаемая ~ suppressed inflation, repressed inflation
скрытая ~ latent inflation, repressed inflation, hidden inflation
структурная ~ structural inflation
устойчивая ~ steady inflation, persistent inflation, long-run inflation, prolonged inflation

информатика informatics, information science

информационн//ый information
~ язык information language
~ о-поисковая система information retrieval system
~ о-решающая система information decision system
~ ые процессы information processes

информаци//я information
~ между блоками interblock information
~ по Фишеру Fisher information, intrinsic information
дополнительная ~ ancillary information, supplementary information

блок ~ и information block, message
источник ~ и information source
исходная ~ source information
канал ~ и trunk
отчетная ~ accountiny information
прирост ~ и information gain
теория ~ и information theory

инфраструктура infrastructure
иррациональность irrationality
иррациональный irrational
иррегулярный irregular
иррефлексивность irreflexiveness, irreflexivity
иррефлексивный irreflexive
искажаемость distortability, distortion
искажать distort; alter
искажение distortion, deformation, bias
исказить см. искажать
искать seek, look (for); search (after, for)
исключать exclude, except, eliminate
исключающий excluding, eliminating, exclusive
исключение exclusion, exception, elimination, deletion, removal
~ символа character deletion
исключенн//ый excluded, exceptional

правило ~ ого третьего law of the excluded middle

исключить см. исключать

искомое unknown, unknown quantity, desired quantity

искривление twist; bend; deformation; distortion

искусственный artificial
~ **интеллект** artificial intelligence

исполнение execution; fulfilment

исполнительн//ый control; executive
~ **ая система** executive system

использование use, utilization; application

использовать use

исправление correction; improvement; revision; amendment

исправлять correct; improve; reform; revise; repair

испытание trial, test; experiment
независимое ~ independent trial

испытанный well-tried

испытательный test, trial, experimental, testing

испытующ//ий testing, test
~ **ая функция** test function

испытать (*попробовать*) test, try

испытать (*ощутить*) experience; undergo

испытывать см. испытать

исследовани//е investigation, research; study examination; analysis; tracing;
~ **операций** operations research
прикладные ~ я applied studies
фундаментальные ~ я basic research

исследователь investigator; researcher; analyst; explorer

исследовать investigate; analyze, test; trace; examine; explore

истина truth

истинност//ь truth
значение ~ и truth value
таблица ~ и truth table

истинн//ый true; correct; proper; faithful; genuine
~ **масштаб времени** real-time
~ **ая корреляция** true correlation
~ **ое подмножество** proper subset

источник source; origin
~ **случайных чисел** sampling machine

истощать exhaust; drain

исход outcome, result; end; imputation
благоприятный ~ favourable outcome, success
неблагоприятный ~ unfavourable outcome, failure
правдоподобный ~ probable outcome, likely outcome

равновероятный ~ equally likely outcome

исходн//ый initial; original; primitive; input; parent; assumed
~ ая точка reference point, starting point
~ ая формула assumption formula
~ ое уравнение input equation, primal equation
~ ые данные input data
возвращать в ~ ое положение reset

исчисление calculus; computation
~ высказываний propositional calculus
~ задач problems calculus
векторное ~ vector analysis

исчислимый calculable, countable

итеративн//ый iterative, repeated, iterated
~ метод iterative method
~ ое агрегирование iterative aggregation

итерационный iterated, repeated, iterative
~ цикл iterative loop

итераци//я iteration, iterate
цикл ~ й iterative loop

итог sum, total; result
в конечном ~ е as the final result, finally
отрицательный ~ negative balance
подведение ~ a tally
промежуточный ~ intermediate total

итого in all, altogether; total

итоговый concluding; summarizing; total

К

калькулятор calculator

калькуляция calculation; costing

канал channel
~ без памяти memoryless channel
~ без потерь lossless channel
~ с обратной связью feedback channel
~ с конечной памятью channel with finite memory
~ с помехами noisy channel
~ с шумом *см.* ~ с помехами
~ связи communication channel
многопутевой ~ multipath channel
рассеивающий ~ dispersive channel
стирающий ~ erasure channel

канонизировать reduce to canonical form

канонический canonical; classical; accepted

капитал capital
~, исчисленный с учетом различий в сроках его ввода vintage capital

~, не представленный в материально-вещественной форме intangible capital

~, сберегающий затраты живого труда labour-saving capital

~ с высокой степенью риска venture capital

авансированный ~ advanced capital

венчурный ~ venture capital

денежный ~ monetary capital

израсходованный ~ expended capital

нематериальный ~ intangible capital

оборотный ~ circulating capital, floating capital, live capital, working capital

органическое строение ~ a organic composition of capital

основной ~ fixed capital

отлив ~ a outward flow of capital

перелив ~ a capital re-switching

переменный ~ variable capital

постоянный ~ constant capital

потребляемый ~ consumed capital, employed capital

применяемый ~ applied capital, operating capital, capital employed

промышленный ~ industrial capital

рисковый ~ risk capital, venture capital

ростовщический ~ usury capital

ссудный ~ loan capital

стоимостное строение ~ a value composition of capital

строение ~ a composition of capital

технологическое строение ~ a technological composition of capital

торговый ~ commercial capital

фиктивный ~ fictitious capital

функционирующий ~ functionning capital

"человеческий" ~ human capital

капитализация capitalization

капитализировать capitalize

капиталовложения investment, capital investment

капиталовооруженность труда capital-labour ratio, capital employed per worker, fixed capital per worker

капиталоемк//ий capital intensive

~ая отрасль capital intensive industry, capital intensive sector

капиталоемкост//ь capital-intensity

~ продукции capital-intensity, capital-product ratio, capital-output ratio, capital cost

коэффициент ~ и capital-output coefficient
    удельная ~ capital cost per unit of output
капиталосберегающий capital-saving
капитальны//й capital, general, fundamental, substantial
    ~ е вложения investment, capital investment
    государственные ~ е вложения public investment
кардинальн//ый cardinal, principal
    ~ ое число cardinal number
карта chart, map, card
    ~ безразличия indifference map
картина picture; pattern
картограмма cartogram
картотека file
касани//е contact, tangency
    точка ~ я point of contact, point of tangency
касательная tangent
катализатор catalyst
катастрофа catastrophe, disaster
категория category, class, kind
катет cathetus, perpendicular, leg of a right triangle
каузальный causal, causative
качественный quality, qualitative
    ~ признак quality [qualitative] criterion, quality [qualitative] characteristic
    ~ ряд quality [qualitative] series

качество quality, attribute, property
квадрант quadrant
    ~ межотраслевого баланса IO matrix quadrant
квадрат square
    ~ смешанной корреляции coefficient of determination
квадратический square, quadratic
квадратичн//ый *см.* квадратический
    ~ ая форма quadratic form
квадратн//ый square, quadratic
    ~ корень square root
    ~ ая матрица square matrix
    ~ ое уравнение quadratic equation
квадратура quadrature, squaring
    ~ круга squaring the circle
квадруплет quadruple
квази- quasi-, semi-
квазианалитический quasi-analytic, pseudo-analytic
квазиасимптотический quasi-asymptotic, semi-asymptotic
квазивыпуклый quasi-convex
квазидополнение quasi-complement
квазизамкнутый quasi-closed, semi-closed
квазикольцо quasi-ring, semi-ring
квазикомпактный quasi-compact
квазикомплексность quasi-complexity, quasi-complex

квазикомплексный quasi-complex
квазимомент quasi-moment
квазинепрерывный quasi-continuous, semi-continuous
квазинормальный quasi-normal, weakly normal
квазиортогональный quasi-orthogonal
квазиоткрытый semi-open, quasi-open, half open
квазиперенос quasi-translation
квазипериодический quasi-periodic, almost periodic
квазипростой semi-simple, quasi-simple
квазиравномерно semi-uniformly
 ~ непрерывный semi-uniformly continuous
квазиравномерный quasi-uniform, semi-uniform
квазиразмах semi-range
квазиранг semi-rank
квазистепенный quasi-exponential
квазисубрешение semi-minorant
квазисуперрешение semi-majorant
квазисходимость quasi-convergence, semi-convergence
квазиумножение quasi-multiplication, weak multiplication
квазиупорядоченность quasi-partial order, weak partial order
квалиметрия qualimetry
квалификация qualification
квалифицировать qualify
квалифицирующ//ий qualifying
 ~ ее число acceptance number
квант quantum
квантиль quantile, fraction
квантов//ый quantum
 ~ ая механика quantum mechanics
 ~ ая теория quantum theory
квантификация quantification
квартал quarter
квартальный quarterly
квартиль quartile
квота quota
 получение заданных квот quota fulfilment
кейнсианск//ий Keynesian
 ~ ая теория Keynesian economics
кейнсианство Keynesian economics
кибернетик cyberneticist, cybernetician
кибернетика cybernetics
 техническая ~ engineering cybernetics
 экономическая ~ economic cybernetics
кинематика kinematics
кинетика kinetics
кинетическ//ий kinetic
 ~ ая энергия kinetic energy
клавиатура keyboard
клавишн//ый keyboard
 ~ ая вычислительная машина keyboard computer
клан clan

класс class
классификатор classifier
классификаци//я classification, array
 ~ по нескольким признакам multifold classification
 ~ по одному признаку one-way classification
 двувидовая ~ two-way classification
 двумерная ~ two-way array
 двусторонняя ~ *см.* двумерная ~
 методы ~ и discriminating analysis
 ошибочная ~ misclassification
классический classical
классовый class
кластер cluster
клетка cell; sector; square
клеточный cell-like, cell; latticed
 ~ по разбиению complex
клин wedge
ключ key
ключев//ой key; leading
 ~ые отрасли народного хозяйства leading branches of the national economy
коалиционный coalition, co-operative
коалиция coalition
КОБОЛ Common Business Oriented Language, COBOL
ковариационный covariant, covariance
 ~ анализ covariance analysis

ковариация covariance, covariation
когерента coherence
когерентность coherence
когерентный coherence, coherent
код code
 ~ объема N code of length N
 ~ операции operation part, operation code
 ~ переменной длины variable length code
 ~ с обнаружением ошибки error-detecting code
 ~ с проверкой на соответствие parity check symbol code
 бинарный ~ binary code
 временной ~ timing code
 двоичный ~ *см.* бинарный ~
 длина ~ a code length
 дополнительный ~ true complement
 небинарный ~ non-binary code
 неравномерный ~ variable length code
 опознавательный ~ authentication code, identity code
 прямой ~ true representation
кодирование coding
кодировать code
кодировка coding, encoding
кодопреобразователь code converter
колебани//е oscillation, vibration, fluctuation
 ~ маятника swing of the pendulum

~ признака oscillation of characteristic

затухающие ~ я convergent oscillations, damped vibrations

незатухающие ~ я self-sustained oscillations, continuous oscillations, undamped vibrations

неустановившееся ~ transient oscillation

пилообразное ~ saw-tooth wave

свободные ~ я free oscillations, natural oscillations

сезонные ~ я seasonal fluctuations

синусоидальные ~ я sine-wave oscillations, pure oscillations

собственные ~ я natural oscillations

циклические ~ я cyclical fluctuations

колебательн//ый oscillating, oscillatory, wave, vibrating

~ ое уравнение wave equation

количественный quantitative; numerical

~ контроль quantitative control

~ признак quantitative criterion, quantitative characteristic

~ ряд quantity series

количество quantity, amount, number; size

~ информации quantity of information

вычисление с двойным ~ м разрядов double-precision computation

критическое ~ rejection number

коллектив collective

коллинеарность collinearity, collineation

коллинеарный collinear

колода deck, pack (of cards)

колоколообразн//ый bell-shaped

~ ая кривая bell-shaped curve

колонка column

кольцевой annular; ring, pertaining to ring

кольцеобразный ring-shaped

кольцо ring; annulus

кольцоида ringoid

команда command; order; instruction

~ условного перехода conditional transfer, conditional transfer instruction

последовательность команд routine

комбинаторика theory of combinations

комбинаторн//ый combinatorial

~ ая топология combinatorial topology

комбинационн//ый combinative

сумматор ~ ого типа coincidence-type adder

комбинация combination
 ~ **факторов** combination of factors
комбинирование combination
комбинировать combine, arrange
комиссия commission, committee
коммерческий commercial, business
 ~ **цикл** business cycle
коммутативность commutativity
коммутативный commutative
компакт compactum, bicompactum
компактно compact
компактность compactness
компактн//ый compact, dense, solid
 ~ **-открытая топология** compact-open topology
компенсация compensation
компенсировать compensate; indemnify
компенсирующ//ий compensating
 ~ **ая ошибка** compensating error
компетенция competence
компилятор compiler
компиляция compilation, compiling
комплекс complex; set; system
 ~ **моделей** set of models
территориально-организационный ~ territorial-organizational complex
территориально-производственный ~, **ТПК** territorial-production complex, TPC
комплексно complex; in complex
комплекснозначный complex-valued
комплексн//ый complex; composite
 ~ **ая мера** complex-valued measure
 ~ **о-аналитический** complex-analytic
 ~ **о-сопряженный** complex conjugate
 ~ **о-сопряженная матрица** adjoint matrix
комплект complete set, complete series, complex
комплектный complete
комплектование formation, consolidation, grouping
композиция composition, convolution
 ~ **распределения** convolution of distributions
компонент component; constituent
 ~ **взаимодействия** interaction component
 ~ **дисперсии** component of variation
основные ~ **ы** principal components
компонента *см.* **компонент**
компоновка arrangement, grouping
компромисс compromise
компромиссный compromise

компьютер computer
конвергенция convergence
конверсия conversion
конгруэнтность congruence
конгруэнтный congruent
конгруэнция congruence
конец end; tail
конечнозначный finite-valued, finitely valued
конечнократный finite-to-one, of finite multiplicity
конечномерный finite dimensional
конечноопределенный finitely defined
конечносвязный finitely connected, of finite connectivity
конечность finiteness
конечн//ый finite, final, terminal
~ **продукт** final product
~ **спрос** final demand
~ **о-аддитивный** finitely additive
~ **о-дифференцируемый** finitely differentiable
~ **ое потребление** final consumption
~ **о-разностные уравнения** difference equations
~ **о-разностный** finite difference
~ **ые методы математического программирования** finite methods in mathematical programming
~ **ые условия** finishing conditions
-**конечный** -pointed

коника conic
коническ//ий conic, conal
~ **ое сечение** conic section
конкретизация concrete definition; specification
конкретизировать render concrete; realize, define concretely
конкретно concretely, specifically
конкретный concrete, specific; particular
конкурентный competitive
конкуренция competition
атомистическая ~ atomistic competition
внутриотраслевая ~ intraindustry competition
межотраслевая ~ interindustry competition
монополистическая ~ monopolistic competition
несовершенная ~ imperfect competition, defective competition
неценовая ~ non-price competition
свободная ~ free competition
скрытая ~ latent competition
совершенная ~ perfect competition
чистая ~ pure competition
конкурировать compete (with)
конкурс contest, competition
консистенция consistence, consistency
константа constant
контакт contact
контактный contact, tangent

континуум continuum
контрол//ь control; inspection; sampling
   выборочный ~ sampling inspection
   выборочный ~ по качественному признаку sampling by attributes
   выборочный ~ по количественному признаку sampling by variables
   жесткий ~ tightened inspection
   повторный ~ check inspection, reinspection
   текущий ~ process control, continuous control
   уровень ~ я inspection level
контрпример counterexample
контур contour, boundary, outline, loop, circuit
   ~ обратной связи feedback loop
   замкнутый ~ closed path, closed loop
   интегрирующий ~ интегрирующая сеть integrating network
конус cone
   заостренный ~ pointed cone
   телесный ~ solid cone
конусность conicity, angle of taper
конусный conic, conical
конусообразный cone-shaped
конфигурация configuration, pattern, shape
конфликт conflict, collision, contention
концев//ой end
   ~ ая точка end point
концентрический concentric
концентричность concentricy
концептуальный conceptual
концепция conception, idea, concept
конъюнктивный conjunctive
конъюнктура conjuncture, juncture, state of affairs; state of the market
конъюнкция conjunction
координата coordinate
координатны//й coordinate
   ~ е оси coordinate axes
координировать coordinate; introduce coordinates
копия copy, replica, counterpart
кор//ень root; radix; radical
   ~ уравнения solution of an equation, root of an equation
   знак ~ ня radical sign
   квадратный ~ square root
   кубический ~ cube root
   собственное значение ~ ня latent root
корзинка basket
   потребительская ~ consumption bundle
корректировка correction; adjustment
   ~ экономических данных с учетом сезонных колебаний seasonal adjustment
корректный correct; proper; reasonable
коррекция correction
коррелограмма correlogram
коррелятивность correlativity

коррелятор correlator
корреляционн//ый correlative; correlation
 ~ анализ correlation analysis
 ~ ая функция correlation function
 ~ ое отношение correlation ratio
 ~ ое уравнение equation of correlation
корреляци//я correlation
 ~ по смешанным моментам product moment correlation
 векторный коэффициент ~ и vector coefficient
 криволинейная ~ curvilinear correlation
 круговая ~ circular correlation
 ложная ~ spurious correlation
 множественная ~ multiple correlation
 отрицательная ~ negative correlation, autithetical correlation, inverse correlation
 полная ~ total correlation
 положительная ~ direct correlation, positive correlation
 порядковая ~ rank correlation, serial correlation
 прямолинейная ~ linear correlation, perfect correlation
 ранговая ~ grade correlation, rank correlation
 сводная ~ multiple correlation
 сводный коэффициент ~ и multiple correlation coefficient
 сериальный коэффициент ~ и serial correlation coefficient
 серийная ~ serial correlation
 следовая ~ trace correlation
 смешанный коэффициент ~ и coefficient of alienation
 схоластическая ~ *см.* **ложная** ~
 твердая ~ rigid correlation
 частичная ~ partial correlation
кортеж tuple
 ~ из N элементов N-tuple
косвенно indirectly
косвенн//ый indirect
 ~ ое доказательство indirect proof
косеканс cosecant
косинус cosine
косинусный cosine
косинусоида cosine curve
кос//ой asymmetric, oblique, skew
 ~ угол oblique angle
 ~ ое произведение fiber bundle
 ~ ая производная directional derivative
кососимметричность skew-symmetry, antisymmetry
косость asymmetry, obliqueness, skewness
косоугольный scalene, oblique-angled
кость (*игральная*) die
котангенс cotangent

котировка quatation
кофактор cofactor
коэффициент coefficient, factor
~ **асимметрии** coefficient of skewness
~ **ассоциации** coefficient of association
~ **вариации** coefficient of variation
~ **воспроизводства** reproduction rate
~ **детерминации** coefficient of determination
~ **дисконтирования** discount rate
~ **доверия** confidence coefficient
~ **дожития** ageing factor
~ **запаздывания** lag coefficient
~ **изменчивости** *см.* ~ **вариации**
~ **использования производственных мощностей** capacity factor
~ **капиталоемкости продукции** capital-output coefficient
~ **корреляции** correlation coefficient
~ **множественной корреляции** multiple correlation coefficient
~ **перекоса** coefficient of skewness
~ **перемещения** lag coefficient
~ **пересчета** conversion coefficient
~ **перехода** *см.* ~ **пересчета**
~ **полезного действия, кпд** efficiency
~ **разброса** scatter coefficient
~ **расхождения** inequality coefficient
~ **регрессии** regression coefficient
~ **сводной корреляции** multiple correlation coefficient
~ **случайности** coefficient of contingency
~ **усиления** amplification factor
~ **эффективности** efficiency factor, ratio of effectiveness
~ **ы полных материальных затрат** total input coefficients
~ **ы прямых затрат** input-output coefficients
векторный ~ корреляции vector correlation coefficient
масштабный ~ scale factor
поправочный ~ adjustment coefficient, coefficient of adjustment
технологический ~ technical coefficient, technological coefficient
краев//ой boundary, edge, border; marginal
~ **ая задача** boundary value problem
~ **ое значение** boundary value

~ ое условие boundary condition

край border, edge; extremity; rim; tail

крайний extreme; last
~ член extreme member, extreme value

кратковременный short-term; transitory, transient

краткосрочный short-term, short-range

кратность multiplicity

кратный multiple; divisible
N-кратный N-fold

крест cross
~ -накрест cross-wise, crisscross

кривая curve
~ безразличия indifference curve
~ Лоренца Lorenz curve
~ нормального распределения normal probability curve
~ общественного безразличия community indifference curve
~ плотности density curve
~ предложения supply curve
~ равных вероятностей equiprobability curve
~ распределения distribution curve, frequency curve
~ регрессии regression curve
~ смещающегося спроса chifting demand curve
~ совмещения contract curve
~ спроса demand curve
~ Филипса Phillips curve
выравнивающая ~ fitted curve
колоколообразная ~ bell-shaped curve
кумулятивная ~ cumulative curve
логистическая ~ logistic curve
нормальная ~ ошибок normal curve of errors
пологая ~ flattened curve
сглаживающая ~ fitted curve, fitting curve
ступенчатая ~ step curve
S-образная ~ S-shaped curve

кривизна curvature

криволинейный curvilinear
~ интеграл line integral

критерий criterion, test
~ дисперсионного отношения variance ratio test
~ достоверности test of significance
~ значимости см. ~ достоверности
~ независимости test of independence
~ нормальности test of normality
~ обратимости индекса reversal test
~ однородности test of homogeneity
~ отклонения test for departure
~ оценки jardstick

~ проверки случайности test for randomness
~ разрыва gap test
~ скольжения slippage test
~ смещения test of location, slippage test
~ согласия test of goodness-of-fit, fitting criterion
~ с повторениями replication test
~ среднеквадратичной ошибки (root) mean-square criterion
~ существенности test of significance
~ Хи-квадрат chi-square test
двусторонний ~ two-side test
двусторонний ограниченный ~ double-tailed test
дисперсионный ~ variance test
знаковый ~ sign test
наиболее мощный ~ most powerful test
непараметрический ~ nonparametric test
несмещенный ~ unbiased test
односторонний ~ one-sided test
оптимальный ~ optimal test, optimum test
симметрично ограниченный ~ equal-tails test
статистический ~ statistical test

критическ//ий critical
~ путь critical path
~ ая область critical region, rejection region
~ ая линия rejection line
~ ие параметры threshold parameters

круг circle
порочный ~ vicious circle
круглый round, circular
круговой circular; cyclic; circulatory
кругообразный circular
крупномасштабный large-scale
крутизна curvature, steepness
крутой steep; sudden; abrupt
крутость kurtosis, excess, peakedness
куб cube
кубатура cubic content, cubic volume
кубический cubic
кульминация culmination
кумулировать cumulate
кумулятивный cumulative
курс course, policy
обменный ~ rate of exchange
курсив italics
кусочн//ый piece-wise
~ о-гладкий piece-wise smooth, sectionally smooth
~ о-линейная функция piece-wise linear function
~ о-линейные приближения piecewise approximations
~ о-непрерывная функция piece-wise continuous function, sectionally continuous function
куча heap, pile

Л

лабиринт maze; labyrinth
лаборатория laboratory, lab
лаг lag
  ~ **во времени** time lag
  ~ **принятия решений** decision lag
  временной ~ *см.* ~ **во времени**
  распределенный ~ distributed lag
лагранжиан lagrangean
лебегов//ый Lebesque
  ~ **ая мера** Lebesque measure
леворазрешимый left-solvable
левосторонний left-side, left
левоупорядоченный left-ordered
лев//ый left
  ~ **ая сторона** left-hand side
лемма lemma
лент//а band, tape; ribbon; film
  магнитная ~ magnetic tape
  числовая ~ data tape
  система обработки данных, записанных на ~ **у** tape data processing system
  устройство записи на ~ **у** tape inscriber
ленточный tape
  ~ **перфоратор** tape perforator
лепестковый leaved, leafed
лепесток petal
лидер leader
лимит limit
лимитировать limit
лимитн//ый limit
  ~ **ая стоимость** bench-mark price, limit price
линеал line-element, lineal, linear manifold
линеаризация linearization
линеаризированный linearized
линейка ruler, straight-edge
  логарифмическая ~ slide ruler
линейно linearly, arcwise
  ~ **независимый** linearly independent
  ~ **связанный** arcwise connected
  ~ **упорядоченный** linearly ordered
линейность linearity
линейн//ый linear, arcwise, one-dimensional, line, contour
  ~ **интеграл** line integral, contour integral
  ~ **ая алгебра** linear algebra
  ~ **ая геометрия** Plucker's geometry
  ~ **ая зависимость** linear dependence
  ~ **ая комбинация** linear combination
  ~ **ая оболочка** linear hull
  ~ **ая форма** linear form
  ~ **ое ограничение** linear constraint
  ~ **ое программирование** linear programming

~ ое семейство linear system, linear family
~ ые координаты line coordinates
~ ые меры long measures, measures of length
~ ые уравнения linear equations

линейчат//ый ruled, line, lined
~ ая поверхность ruled surface

линия line; curve
~ бюджета budget line
~ уровня level line, level curve, contour line
~ цен price line
критическая ~ rejection line

лицо (*человека*) face;
лицо (*индивид*) person
~, принимающее решение decision maker

логарифм logarithm
десятичный ~ common logarithm
натуральный ~ base-2 logarithm, natural logarithm

логарифмирование taking the logarithm
логарифмированный in logarithmic form
логарифмический logarithmic
логик logician
логика logic
булева ~ Boolean logic
вероятностная ~ probabilistic logic
математическая ~ mathematical logic
нарушенная ~ paralogism logic
формальная ~ formal logic

логистика mathematical logic, logistics
логистическ//ий logistic, pertaining to logistics
~ ая кривая logistic curve
~ ая функция logistic function

логический logical, consequent, logistic
~ сдвиг cyclic shift

логичный logical, logistic
ложность falsity
ложн//ый false
~ вывод false conclusion
~ сигнал spurious signal
~ ая корреляция spurious correlation

ложь falsity, falsehood
локализация localization
локализированный localized, local
локализировать localize
локализовать *см.* локализировать
локально locally
локальный local
~ критерий local criterion
~ оптимум local optimum

локон curl, ringlet
ломан//ый broken
~ ая линия broken line, polygonal line, polygonal path

луч ray, beam
люфт backlash

М

магистрал//ь turnpike, highway
 ~ данных data highway
 теорема о ~ и turnpike theorem
магистральный main
мажор major
мажоранта majorant
макет model, dummy
макро- macro-
макропеременная (*сущ.*) macrovariable
макроэкономика macroeconomics
максимизация maximization
 безусловная ~ unconstrained maximization
 условная ~ constrained maximization
максимальны//й maximal, maximum
 ~ е направления maximum directions
максимизировать maximize
максимин maximin
максимум maximum
маловероятный improbable, unlikely, of low probability
малоразрядный low-discharge
маневр maneuver
маневренность maneuverability
маневрировать maneuver
манипулирование manipulation
манипуляция manipulation
мантисса mantissa

маржинальный marginal
маркетинг marketing
марковск//ий Markov
 ~ процесс Markov process
 ~ ая цепь Markov chain
 ~ ое неравенство Markoff inequality
маршрут route, routing, itinerary, course
маршрутизация routing
масса mass; bulk; lot
массив array
 ~ данных data array
 неупорядоченный ~ heap
массов//ый mass
 ~ продукт bulk product
 ~ ое обслуживание queueing, mass service
масштаб scale; degree; measure
 ~ вероятности probability scale
 приводить к ~ у bring to scale, scale
масштабный scale, scaled
математик mathematician
математика mathematics
 вычислительная ~ calculus mathematics
 прикладная ~ applied mathematics
математическ//ий mathematical
 ~ ая статистика mathematical statistics
 ~ ая экономика mathematical economics
 ~ ое обеспечение software
 ~ ое ожидание expected value, mathematical expectation

~ ое программирование mathematical programming
материал material
материалистический materialistic
материальн//ый material, mass
~ ая заинтересованность material interest
~ ая точка mass point, single mass point
~ ые затраты material expense
матрица matrix
~ без повторения non-recurrent matrix
~ вторых моментов covariance matrix
~ игры game matrix
~ межотраслевых потоков interindustry transactions matrix
~ переходов transition matrix
~ потерь regret matrix, loss matrix
~ смежности adjacency matrix
~ -строка row matrix
~ точек dot matrix
~ -функция matrix-function
бистохастическая ~ doubly stochastic matrix
блочная ~ partition matrix
верхняя треугольная ~ upper triangular matrix
вырожденная ~ singular matrix

диагональная ~ diagonal matrix
дисперсионная ~ dispersion matrix
единичная ~ unit matrix, identity matrix
квадратная ~ square matrix
ковариационная ~ covariance matrix, despersion matrix
кососимметричная ~ skew-symmetric matrix
невырожденная ~ regular matrix, nonsingular matrix
неотрицательная ~ non-negative matrix
неразложимая ~ indecomposable matrix, irreducible matrix
нижняя треугольная ~ lower triangular matrix
нулевая ~ null matrix
обратимая ~ inverse matrix, invertible matrix
обратная ~ reciprocal matrix, back matrix, inverse matrix
перестановочная ~ permutation matrix
положительно определенная ~ positive definite matrix
полуположительная ~ semipositive matrix
приведенная ~ reduced matrix
разложимая ~ decomposable matrix, reducible matrix
расширяющаяся ~ augmenting matrix

симметричная ~ symmetric matrix
  сопряженная ~ conjugate matrix
  сходящаяся ~ convergent matrix
  технологическая ~ technological matrix
  транспонированная ~ transposed matrix
  треугольная ~ triangular matrix
матричный matrix, matric
машина machine; mechanism
  вычислительная ~ computer, computing machine
  главная вычислительная ~ mainframe, host computer
  клавишная вычислительная ~ key-board computer
  обучающая ~ teaching machine
  самообучающаяся ~ learning machine
  счетная ~ caculating machine, calculator
  счетно-перфорационная ~ punch-card machine
машинно-ориентированный machine-oriented
маятник pendulum
мгновение instant, moment
мгновенность instantaneity, instantaneousness
мегабайт megabyte
мегабит megabit
медиана median
медленно slowly
  ~ реагирующая система low-pass system
меж- inter-
межгруппов//ой intergroups; between groups; among groups, amongst groups
  ~ ая дисперсия variance between groups, external variance
между- inter-
междублочный interblock
межотраслев//ой inter-industry, inter-branch, inter-sectoral
  ~ баланс input-output balance, I/O balance
  ~ комплекс inter-industry complex
  ~ ая задача inter-industry problem
  ~ ые потоки inter-branch flows
межстадийный interstage
меню menu
  главное ~ main menu, root menu
  древовидное ~ tree-coded menu
меньшинство minority
мер//а measure, degree
  в значительной ~ е to a considerable extent
  вероятностная ~ probability measure
  инвариантная ~ unvariant measure
  лебегова ~ Lebesgue measure

мерило standard, measure, criterion
мерить measure
-мерный -dimensional
местный local
место place; spot; locus; site; seat; post
   задача с узким ~ м bottleneck problem
   геометрическое ~ locus
   иметь ~ hold place, take place
   узкое ~ bottleneck
местоположение location, position, site
месяц month
месячный monthly
метанаука metascience
метасистема meta-system
метка score; mark; label; marker
   символьная ~ symbol label
   служебная ~ control mark
метод method, procedure, approach, technique
   ~ вспомогательных множителей auxiliary factor method
   ~ "затраты-выпуск" input-output method
   ~ исключения переменных elimination approach
   ~ касательных tangents method
   ~ максимума правдоподобия maximum likelihood method
   ~ множителей Лагранжа method of Lagrange factors, method of Lagrange undetermined multipliers
   ~ "мозговой атаки" brainstorming
   ~ моментов method of moments
   ~ Монте-Карло Monte-Carlo technique
   ~ наибольшего правдоподобия *см.* ~ максимума правдоподобия
   ~ наименьших квадратов least-square method
   ~ наискорейшего подъема method of steepest ascent
   ~ наискорейшего спуска method of steepest descent
   ~ обработки динамических рядов time-series method
   ~ остатка residual method
   ~ перевала saddle point method, method of steepest descent
   ~ полного перебора exhaustive method
   ~ последовательного улучшения плана simplex method
   ~ построения design method
   ~ проб cut-and-try method
   ~ проб и ошибок trial-and-error procedure
   ~ пробных выборок model sampling
   ~ случайного отбора sampling plan
   ~ ы бухгалтерского учета accounting methods, accounting procedure

~ ы классификации discriminatory analysis

~ ы центрального руководства centralist methods

двойственный симплексный ~ dual simplex method

двухшаговый ~ наименьших квадратов two-stage least square method

итеративный ~ leaning method, iteration method

комплексный симплексный ~ composite simplex method

обобщенный ~ наименьших квадратов generalised least square method

простой симплексный ~ primal simplex method

симплексный ~ simplex method, simplex computational procedure

специальный ~ ad hoc approach

табличный ~ tabular procedure

численный ~ numerical method

экономико-математические ~ы economico-mathematical methods

методика procedure, methods

методический methodical, systematic

методологический methodological

методология methodology

метр meter

метризация metrization, valuation

метризовать metrize

метрика metric, distance function, valuation

метрический metric

механизм mechanism

~ торможения retarding mechanism, braking mechanism

механика mechanics

миграция migration, migratory movement

микро- micro-

микропроцессор microprocessor

микросистема microsystem, small-scale system

микросхема chip, microcircuit

интегральная ~ microcircuit, integrated circuit

микрофиша microfiche

микрокомпьютер microcomputer

микроЭВМ microcomputer

микроэкономика microeconomics

микроэлектроника microelectronics

миллиард thousand million, billion

миллион million

миникомпьютер minicomputer

минимакс minimax

~ потерь minimax loss

принцип ~ a minimax principle

теорема о ~е minimax theorem

минимальный minimal, minimum
минимизация minimization
минимизировать minimize
минимум minimum
~ прожиточный ~ coast of living, subsistence level
мини-ЭВМ minicomputer
минор minor
миноранта minorant
минус minus
минута minute
мишень target
мнемоника mnemonics
мним//ый imaginary; non-real; sham
~ ое число pure imaginary number
много much, many, plenty (of)
много- multi-, poly-, many-
многовершинный multimodal, multivertex, multipeak
многогранник polyhedron, polytope
многогранный polyhedral
многозначный many-valued; multiform
многоконтурный multiple loop, multicircuit
многократно repeatedly; multiply
многократность recurrence; repetition; multiplicity
многократный multiple; repeated
многокритериальный multicriterion
многомерн//ый multidimensional, multivariate
~ анализ multivariate analysis
~ ая таблица сопряженности признаков multifactor contigency table
~ ое пространство multidimensional space
~ ое распределение multivariate distribution
многообразие diversity; variety; manifold
многообразный varied; diverse, multiform
многопеременный multivariate
многоразмерный multidimensional
многосвязанный multiply connected
многоступенчатый multistage, multilevel
~ выбор multistage [multilevel] sampling, polyphase sampling
многоточие dots
многоугольник polygon
многоходов//ый multimove
~ ая игра multimove game
многоцелевой multipurpose, multiple-target, multitask
многочисленность multiplicity
многочисленный numerous, multiple
многочлен polynomial, multinomial
многочленный polynomial, multinomial
многошаговый multistage

многоэкстремальный multi-extremality
множественность plurality, multiplicity
множественн//ый multiple, plural
~ анализ multivariate analysis
~ ая регрессия multiple regression
коэффициент ~ой корреляции coefficient of multiple correlation
множеств//о set, aggregate, ensemble, collection, family
~ допустимых решений feasible set
~ -произведение product set
~ производственных возможностей production possibility set
~ -частное quotient set
~ элементарных событий set of elementary events, fundamental probability set
замкнутое ~ closed set
нечеткое ~ fuzzy set
обратимое ~ inverse set, pre-image set
ограниченное ~ bounded set
операция ~ a set operation
основное ~ fundamental set
открытое ~ open set
отображение ~ a mapping of a set
плотное ~ dense set
равенство множеств set equation
равномощность множеств equivalence of sets
расширяющееся ~ enlarging set
связанное ~ connected set
совершенное ~ perfect set
счетное ~ denumerable set
теория множеств theory of sets
множимое multiplicand, icand
множител//ь factor, multiplier, coefficient
~ и Лагранжа Lagrange multipliers, Lagrange factors
нормирующий ~ normalizing factor
поправочный ~ correction factor
простой ~ prime factor
разложение на ~ и factorization
разрешающие ~ и decisive multipliers
множить multiply
мода mode;
модальность modality
модальный modal
моделирование modelling; simulation; analogue computation
~ массового обслуживания waiting line modelling
~ народного хозяйства national economy modelling
модель model, pattern
~ в дискретном времени discrete-time model
~ в непрерывном времени continuous-time model

~ мультипликатора-акселератора multiplier-accelerator model
~ регрессии regression model
~ с отсутствием тренда trend-free model
~ типа "объект — отношение" entity-relationship model, E/R model
~, учитывающая различия в возрасте основных фондов vintage model
~ фирмы model of a firm
~ Харрода—Домара Harrod—Domar growth model
~ экономического взаимодействия economic interactions model
~ экономического роста qrowth model
агрегированная ~ aggregative model
аналоговая ~ analogy simulator
двухпродуктовая ~ two-goods model
динамическая ~ dynamic model
замкнутая ~ closed model
имитационная ~ simulation model
математическая ~ mathematical model
межотраслевая межрайонная ~ interindustry interregional model
многоотраслевая ~ multi-sector model
многопродуктовая ~ multi-commodity model
народнохозяйственная ~ national economy model
однопродуктовая ~ one-product model, single-product model, one-commodity model
оптимизационная ~ optimizing model, optimization model
открытая ~ open model
отраслевая ~ sectoral model, industrial model
паутинообразная ~ cobweb model
простая ~ simple model
пространственная ~ spacious model
региональная ~ regional model
сетевая ~ network model
случайная ~ chance pattern [model]
стохастическая ~ stochastic model
урновая ~ urn model
физическая ~ physical model
модификатор modifier, transformer
модификация modification
модифицированный modified
модифицировать modify
модулировать modulate
модул//ь absolute value, module, modulus
программный ~ software module
по ~ ю modulo

момент moment, instant
 ~ без поправок на группировку unadjusted moment
 ~ остановки stopping time
 ~ связи covariance
 ~ ы младших порядков lower order moments
 ~ ы старших порядков higher order moments
 абсолютный ~ absolute moment
 второй смешанный ~ covariance moment
 групповой ~ group moment
 неполный ~ incomplete moment
 нецентральный ~ crude moment, noncentral moment
 обобщенный ~ generalized moment
 первый абсолютный ~ mean deviation, first absolute moment
 производящая функция ~ ов generating function
 смешанный ~ mixed moment, joint moment, product moment
 смешанный ~ второго порядка covariance
 факториальный ~ factorial moment
 центральный ~ central moment
монет//а coin
 подбрасывание ~ ы coin tossing, flipping of the coin
монетарн//ый monetary
 ~ ая система monetary system
 ~ ая теория monetary theory
 ~ ая экономическая стратегия monetary economic strategy
монитор monitor
мониторинг monitoring
монополия monopoly
 ~ покупателей monopsony, buyer's monopoly
 естественная ~ natural monopoly
монопсония monopsony, buyer's monopoly
монотонно monotonically, steadily
 ~ неубывающая функция monotone function, non-decreasing function
 ~ невозрастающая функция monotone function, non-increasing function
монотонность monotonicity
монотонный monotone, monotonic
мощност//ь capacity; power; strength; output; cardinality
 ~ статистического критерия power of a statistical test
 функция ~ и power function
мощный powerful
мульти- multi-
мультивектор multivector
мультиколлинеарность multicollinearity
мультипликативность multiplicativity

мультипликативн//ый multiplicative
~ о-аддитивный multiplicatively additive
мультипликатор multiplicator, multiplier
~ дохода income multiplier
~ занятости employment multiplier
инвестиций investment multiplier
~ потребления consumption multiplier
матричный ~ matrix multiplier
мультипликационный multiplication
мультиструктура multi-lattice
муниципалитет municipal
муниципальный municipal
мышь mouse
многоклавишная ~ multi-button mouse

Н

наблюдатель analyst; observer
наблюдать observe; take care (of); watch; control; supervise
наблюдение observation; supervision; control; survey
~ экономических явлений economic observation
непосредственное ~ direct observation
набор set; collection; composition; kit; admission; recuitment type-setting
~ благ commodity bundle, commodity set
интерфейсный ~ interface kit
наведение induction; guidance
наверное certainly, probably, most likely
наглядно obviously; graphically; visually; intuitively
наглядность obviousness, clearness; visualization
наглядный descriptive; graphic, obvious; visual; intuitive
нагрузка load
наддиагональный off-diagonal
надежность realiability; dependabilty; safety; accuracy
~ плана reliability of a plan
надежный reliable; dependable; accurate
надлом fracture, break
надмножество superset
надмодель hyper-model
надобность need, necessity
надполе extension field, superfield
надрез cut, incision, section
надстройка superstructure, suspension
надстрочный superlinear
~ знак diacritical mark
назначение (*действие по глаг. "назначать"*) appointment, assignment; fixing, setting
~ приоритетов priorization
назначение (*о месте*) designation
наиболее most

~ мощный критерий most powerful test

наибольш//ий greatest; largest
~ общий делитель the greatest common divisor
~ ая низшая грань the greatest lower bound

наивыгоднейший optimal, optimum

наивысший highest, utmost

наилучш//ий best, very best
~ ее приближение the best approximation

наименее least

наименование name, denomination, designation

наименьш//ий least, smallest
~ неотрицательный вычет the least nonnegative residue
~ ая верхняя грань the least upper bound
~ ее общее кратное the least common multiple

наинизший lowest

наискорейш//ий fastest, quickest
метод ~ его спуска method of the steepest descent

наискось obliquely

наислабейший the weakest

накапливать accumulate; save up, amass; collect; pile up, build up

накладывать superimpose, impose; lay on [in, over]; put on [in, over]

наклон (*действие по глаг. "наклонять"*) inclination

наклон (*положение*) inclination slope, incline; incedence; level; pitch; direction
угол ~ a angle of slope [inclination]

наклонение inclination

наклонно obliquely, aslant

наклонность inclination; leaning, propensity

наклонн//ый sloping, inclined; slanting; oblique
~ ая производная directional derivative

накопитель accumulator
~ на гибких магнитных дисках flexible disk drive
~ произведений product accumulator
~ сумм sum accumulator

накопительный accumulative, storage

накоплени//е accumulation; piling; collection
валовое ~ gross accumulation
вынужденное ~ forced accumulation
денежные ~ я pecuniary accumulations
непроизводственное ~ nonproductive accumulation
норма ~ я rate of accumulation
первоначальное ~ primary accumulation, original accumulation
чистое ~ net accumulation

накопить *см.* накапливать

накрест cross, crosswise

~ лежащие углы opposite angles, alternate angles
~ лежащий opposite
накрывать cover
накрывающ//ий covering
~ ее пространство covering space
накрыть *см.* накрывать
налагаемый imposed
налагать impose; lay on [upon]
~ запрет ban, prohibit
налегать overlap, overline, lean on
~ друг на друга overlap
налегающий leaning, overlying, straining, overlapping
наличие presence; availability; existence
налог tax
~ на добавленную стоимость value-added tax, VAT
косвенный ~ indirect tax
прямой ~ direct tax
скрытый ~ hidden tax
налогообложение taxation
наложени//е covering; superposition; imposition; overlay
универсальная поверхность ~ я universal covering surface
наложимы//й applicable
~ е поверхности applicable surfaces
нанести plot; bring; cause
~ деления graduate
~ по точкам fit
наносить *см.* нанести

наоборот conversely; back to front; vice versa; on the contrary
наперед beforehand; in advance
~ заданный preassigned
наподобие like, not unlike
напор pressure
направить direct; send
направлени//е direction; path; sense; trend, tenor; order
кривизна в двухмерном ~ и sectional curvature
поле ~ я directional field, unit vector field
производная по ~ ю directional derivative, derivative in the direction (of)
направленн//ый directed; guided
~ ое множество directed set
направленность direction; orientation; trend
направляющая directrix, guide
направляющ//ий directing, guiding, direction, directional, leading
~ коэффициент direction number
~ ая линия directrix, polar curve
направлять *см.* направить
например for exmaple, for instance
напротив (*в разн. знач.*) opposite
напротив (*наоборот*) conversely, on the contrary; on the other hand

напрягать strain, stretch

напряжени//е stress, strain; tension; voltage; effort; intensity

   фукция ~ я tension function, stress function, strain function, tensor function

напряженность strength; intensity; tenseness

напрячь *см.* напрягать

наравне on a level (with); equally (with)

нарастание qrowth, increase, rise

народнохозяйственный all-economy, national economic

   ~ критерий оптимальности all-economy optimality criterion

   ~ план national economy plan

народн//ый people's; national; popular, folk

   ~ ое хозяйство national economy

наружный external, outward; ostensible; apparent

наружу outside

наруша//ть break, violate, infringe; disturb; upset; interfere

   не ~ ая общности without losing generality

нарушение violation, infraction, infringement; breach; failure

   ~ последовательности desquencing

нарушить *см.* нарушать

населени//е (*жители*) population

   на душу ~ я per capita

население (*действие по глаг. "населять"*) peopling, settling

наследие inheritance, heritage

настоящий present; real, genuine, true; regular

наступать occur; appear; ensue

наступление advent, approach, coming; attack; offensive

   ~ события occurrence of an event

насчитывать count; number

насыщение satiation, saturation; replotion

   ~ потребностей saturation of needs

   ~ спроса satiation [saturation] of demand

насыщенность satiation, saturation; replotion

натуральн//ый natural; genuine

   ~ логарифм natural logarithm, base-2 logarithm

   ~ межотраслевой баланс intersectoral balance in physical form

   ~ ое число positive integer, natural number

   ~ о-стоимостной баланс balance in monetary and physical form, volume-and-value intersectoral balance

натягивать stretch; span

натяжение tension, pull

натянуть *см.* натягивать

наугад at random, by guess
наук//а science, knowledge, study
   точные ~ и exact science
наукоемкий knowledge-intensive
наукообразный pseudo-scientific
научн//ый scientific
   ~ о-технический прогресс technological progress
нацеливать aim
нацелить *см.* нацеливать
нацело evenly, without a remainder, totally
национальн//ый national
   ~ доход national income, NI
   ~ продукт national product, NP
   ~ ое богатство national wealth
   ~ ое счетоводство national accounting
   валовой ~ продукт gross national product, GNP
   внутренний ~ продукт domestic national product, DNP
начало (*исходный пункт; источник*) beginning; origin, sourse; outset; start
   ~ координат origin of coordinates
начало (*принцип, основа*) principle; basis
начально initially, at first
начальн//ый initial, first, elementary, initial-value
   ~ ая задача initial-value problem
   ~ ая точка starting point, initial point
   ~ ое значение initial value
   ~ ое смещение intial displacement
   ~ ое условие initial condition
   ~ о-краевая задача initial boundary value problem
начертание tracing, inscription; outline
начертательн//ый descriptive, graphic
   ~ ая геометрия descriptive geometry
начертить draw, sketch
нащупать grope, feel about, find by feeling
нащупывание groping, tantonnement
нащупывать *см.* нащупать
не- ab-, il-, im-, in-, ir-, non-, not, un-
неаддитивность not-additivity, lack of fit
неадекватный inadequate
неаккуратность inaccuracy, unpunctuality, carelessness
неаксиоматизируемый non-axiomatizable
неалгебраический non-algebraic
неаналитический non-analytic
неасимптотический non-asymptotic
неассоциированный non-associated
небаланс imbalance
небольшой not large, small, not greate

неважный unimportant
неверный incorrect, false, unfaithful, uneven
невероятный unlikely, improbable; incredible; inconceivable
невещественный non-real
невзаимодействующий non-interacting
невзвешенный unweighted
невидимый invisible
невключение non-inclusion
невозможность impossibility
невозможный impossible
невозрастающий non-increasing
невоспроизводимый irreproducible
невыводимый non-deductive, not derivable
невыгодный disadvantageous, unprofitable, unfavourable
невыписанный not written out, implicit
невыполнение omission, non-fulfilment
невыполнимость impracticability
невыполнимый impracticable
невыпуклый non-convex
невырожденность non-degeneracy, non-singularity,
невырожденн//ый non-degenerate, non-singular
~ **ая матрица** non-singular matrix
невязка discrepancy, disparity, residual

негармонический non-harmonic
~ **ряд Фурье** non-harmonic Fourier series
негативный negative
неглавный non-principal, subsidiary
недействительный invalid, void
неделимость indivisibility
неделимый indivisible
недиагональный off-diagonal, non-diagonal
~ **матричный элемент** off-diagonal matrix element
недискретный non-discrete
недистрибутивный non-distributive
недифференцированный undifferentiated
недифференцируемость indifferentiability
недифференцируемый undifferentiable
недоказанность failure to prove
недоказуемый unprovable, indemonstrable
недоопределенный sub-definite
недооценивать underestimate, underrate
недооценить см. **недооценивать**
недопотребление underconsumption
недопустимый inadmissible
недостаток lack, shortage, deficiency, scarcity

недостаточно (*предик. безл.*) it is insufficient, it is not enough

недостаточно (*нареч.*) insufficiently

недостаточность insufficiency, inadequacy

недостаточный insufficient, inadequate; scarce; defective; meagre

недостоверный uncertain; doubtful

неединственность non-uniqueness

неединственный non-unique, not unique

нежелательный undesirable
~ признак demerit

нежесткий nonrigid; mild

незавершенность incompleteness

независим//ый independent
~ спрос independent demand
~ ая величина independent value, independent variable
~ ое испытание independent trial
линейно-~ ое решение linearly independent solution

незамкнутый non-closed, non-isolated, open

незарегистрированный non-registered, unrecorded

незатухающий undamped

незаштрихованный unshaded, unhatched

незнакомство non-acquaintance (with), ignorance

незнание ignorance, lack of knowledge

априорное ~ a priori ignorance
начальное ~ intial ignorance

незначительный negligible, insignificant

неидентичный not identical, non-identical

неизбыточный irredundant

неизвестн//ое (*сущ.*) unknown, unknown quantity; indeterminate
уравнение с двумя ~ ми equation with two unknowns

неизвестность uncertainty, obscurity

неизвестный unknown

неизменность invariance, invariability

неизменный invariable; fixed; stable; immutable; constant; continuous

неизменяемый invariable

неизмерим//ый non-measurable, immesurable, unmeasurable, not measurable
~ ое множество unmeasurable set, countless numbers

неизолированный non-isolated

неизоморфный non-isomorphic, not isomorphic

неимение absence, lack (of)
за ~ м for lack of

неискаженн//ый unbiased; undisturbed
~ ая оценка unbiased estimation

неисчислимый incalculable; innumerable; indeterminable

нейрокомпьютер neurocomputer

некоалиционн//ый non-cooperative

~ ая игра non-cooperative game

некогерентный incoherent, non-coherent

некоммутативно non-commutatively

некоммутативный non-commutative, non-abelian

некомпактный non-compact

неконгруэнтный incongruent, noncongruent

неконкурентный non-competitive

неконтролируемый uncontrollable

некооперативный non-cooperative

некорректность incorrectness, unreasonableness

некорректный incorrect, false, improper

некоррелированность non-correlatedness, lack of correlation

некоррелированный uncorrelated

некоторый certain, some

нелепый absurd

нелинейность non-linearity

нелинейн//ый nonlinear

~ ая модель nonlinear model

нелогичность illogicality, lack of logic

нелогичный illogical

немало much; many, not a little, not a few, quite a number (of); a great deal (of)

немалочисленный rather numerous

нематематический non-mathematically, in a non-mathematical manner

нематериальный intangible

немедленно immediately, instantly

неметризуемый non-metrizable

неметрический non-metric

немногие (*мест.*) few, not many

немноги//й a few, a little

~ м больше a little larger, not much larger; a little more

немного a little, some, a few

немногочисленность sparsity

немногочисленный sparse, not numerous

немой dumb, mute

~ индекс umbral index

немонотонный not monotone

немощный feeble, weak

ненадежный unreliable

ненаправленный undirected, non-directional

ненормальность abnormality, non-normality, irregularity, defect

ненулево//й non-zero, distinct from zero; non-trivial

~ е решение non-trivial solution

необратимый irreversible

необходимость necessity

необходим//ый necessary

~ ое разнообразие requisit variety

неограниченно indefinitely, with no limits, infinitely

неограниченность unboundedness, unrestrictedness

неограниченный unlimited, unbounded, unrestricted

неоднозначность ambiguity, lack of uniqueness

неоднократный repeated; reiterated; manifold; multiple

неоднородность non-homogeneity, heterogeneity; dissimilarity

неоднородный not uniform; inhomogeneous, non-homogeneous, heterogeneous

неодносвязный not simply connected, multiply connected

неопределенност//ь uncertainty, indeterminacy, indetermination, indefiniteness

точка ~ и ambiguous point

неопределенн//ый indeterminate; indefinite; uncertain; not fixed; vague

~ ое условие condition of uncertainty

неопределимый indeterminable

неопределяемый undefined, undefinable

неопровержимый irrefutable, incontrovertible

неособенный non-singular, ordinary, non-exceptional, regular

неотделимость inseparability, non-separability

неотделимый inseparable, non-separable

неотклоненный undeflected

неотличимый indistinguishable

неотмеченный unmarked, unnoted

неотносительный non-relative

неотрицательно non-negatively

~ определенный positive definite, positive semidefinite

неотрицательный non-negative

неоценимый invaluable, inestimable

непараллельный nonparallel

непараметрическ//ий nonparametric, distribution-free

~ критерий согласия distribution-free test of fit

~ ое программирование non-parametric programming

непарный unpaired, odd, unmatched

неперекрывающийся non-overlapping, disjoint

непересекающийся non-overlapping, non-intersecting, non-crossing, disjoint, of zero intersection

неперестановочный incommutable, non-commutative

неплоск//ий nonplanar

~ ая кривая twisted curve

неплотность thinness, non-compactness

неповторяющийся non-recurrent, non-recurring
неподвижн//ый fixed; stationary; immovable
~ **ая точка** fixed point
неподобие dissimilarity
неподобный dissimilar
неполно partially
~ **упорядоченный** partially ordered
неполнота incompleteness
~ **информации** incomleteness of information
неполн//ый incomplete; partial; imperfect; not full
~ **ое равновесие** partial equilibrium
неположительный non-positive
неполупростой non-semi-simple, not semi-simple
непоследовательность inconsistency
непоследовательный inconsistent; inconsequent
непостоянный not constant, non-constant
непостоянство variability
неправильно incorrectly; improperly; falsely
неправильн//ый improper; irregular; anomalous; inaccurate; wrong, erroneous; false; untrue
~ **ая дробь** improper fraction
непредвиденно unexpectedly
непредвиденный unforeseen, unexpected

непредвосхищающий non-anticipating
непредикативный impredicative, non-predicative
непредположительный non-presumable, non-conjectural
непрерывно continuously; uninterruptedly
~ **дифференцируемый** continuously differentiable
непрерывность continuity
непрерывн//ый continuous; uninterrupted; unbroken
~ **в обе стороны** bicontinuous
~ **по упорядочению** order-continuous
~ **ая дробь** continuous fraction
~ **ое время** continuous time
обобщенно-~ continuous in the extended sense
неприводимый non-reducible, irreducible, indecomposable
непродуктивный unproductive
непроизводительный unproductive
непроизводственн//ый unproductive
~ **ое потребление** unproductive consumption
непропорциональность disproportion
непропорциональный not proportional, disproportionate
непростой not prime, not simple
непротиворечивость consistency

непротиворечивый consistent, non-contradictory
непрям//ой indirect, hypercritical
~ ая линия broken line
непусто//й non-empty, non-vacuous, not empty
~ е множество non-empty set
неравенство inequality
~ Буняковского Cauchy—Schwarz—Buniakowski inequality
неравновесие disequilibrium
неравновесн//ый not in equilibrium
~ ая модель disequilibrium model
неравномерный non-uniform; irregular
неравноотстоящий unequally spaced, not equidistant
неравносильный non-equivalent
неравносторонний scalene
неравноточный of varying accuracy, of unequal accuracy
неравный unequal
неразвертывающийся non-developable
неразветвленный non-ramified, unramified, unbranched
неразделимый non-separable, inseparable, indivisible
неразложимость indivisibility, indecomposability, irresolvability
неразложимый irresolvable, indecomposable, non-factorable
неразменный irredeemable
неразрешимый unsolvable, insoluble, undecidable
неразрывность continuity, indissolability, non-separability
неразрывный non-separable, inseparable
нерациональный irrational, unpractical
нерегулярность irregularity
нерегулярный irregular, non-regular
нерекурсивный non-recursive
нерелятивистский non-relativistic
нерентабельный unprofitable
нерешенн//ый unsolved
~ ая задача open problem, unsolved problem
неровный irregular
несамосопряженный non self-conjugate, not self-adjoint
несбалансированный unbalanced
несводимый irreducible
несвязанность disconnectedness
несвязанный disconnected
несепарабельный non-separable
несимметричный asymmetric
несингулярный non-singular
несинхронный non-synchronous
нескалярный non-scalar
несколько (*числит.*) several, some; a few
несколько (*нареч.*) somewhat, slightly; rather

несложный non-complicated; simple

неслучайность non-randomness

неслучайный non-random, assignable

несмежный non-adjacent

несмешанный unmixed; pure

несмещенн//ый unbiased; non-skew
~ ая оценка unbiased estimate, unbiased estimator, unbiased estimation

несобственн//ый improper; non-intrinsic; ideal; singular
~ ая прямая ideal line, straight line
~ ая точка ideal point
~ ое нормальное распределение singular normal distribution

несовершенн//ый incomplete; imperfect
~ ая конкуренция imperfect competition

несовместимость incompatibility

несовместимый incompatible; inconsistent; disjoint; insoluble

несовпадение discrepancy; lack of coincidence, non-coincidence; divergence; disagreement; mismatch, mismatching

несоединенный disconnected

несоизмеримо incommensurably

несоизмеримость incommensurability

несоизмеримый incommensurable

несократимый irreducible

несомненно undoubtedly

несомненность certainty

несомненный certain; definite; unquestionable; obvious

несостоятельный inconsistent; insolvent; untenable

неспособность inability

несравненно by far; incomparably

несравнимо incomparably; incommensurably

несравнимый incomparable, non-comparable; incommensurable; unrelated

нестандартный non-standard; abnormal; atypical

нестационарный non-stationary; unstable
~ экономический процесс nonstationary economic process

неструктурный non-structural, non-lattice

несуммируемый non-summable

несущественный inessential, unmaterial; incidental
~ параметр incidental parameter

несуществующий non-existent

несущ//ий carying; supporting; carrier; bearing
~ ее множество carrier set
~ ее пространство carrier space

несходство dissimilarity, difference, discrepancy
несходящийся non-convergent, divergent
несчетно uncountably, non-denumerably
~ бесконечный uncountably infinite, non-denumerably infinite
несчетный non-denumerable, uncountable, innumerable, countless
нетождественно not identically
нетождественный not identical
неточно not exactly; inaccurately
неточность inaccuracy, discrepancy, error
неточный inexact, incorrect, inaccurate
нетранзитивный intransitive, non-transitive
нетриангулируемый non-triangulable
нетривиальный non-trivial
неубывающий non-decreasing
неуверенность uncertainty
неудобный uncomfortable; awkward; inconvenient
неудобство inconvenience; discomfort
неулучшаемый unimprovable
неупорядоченность disarray
неупорядоченный unregulated, unordered
неуравновешенный unstable
неусеченный non-truncated
неустойчивость instability

неустойчив//ый unstable; unsteady; uncertain; inconstant; changeable
~ рынок unsteady market
~ ое равновесие unstable equilibrium
неформализованный non-formalized
неформальный informal
неформатированный nonformatted
нецелесообразно to no purpose; pointlessly, inexpediently
нецелесообразный inexpedient, unsuitable; pointless
нецелое (*сущ.*) non-integral, non-integer
нецелочисленный non-integral, fractional
нецелый non-integral
нециклический acyclical, non-cyclic
нечет odd number
нечеткость illegibility, carelessness
нечетк//ий illegible, fuzzy
~ ое множество fuzzy set
нечетность property of being odd, oddness
нечетны//й odd
~ е числа odd numbers
неэквивалентность non-equivalence, disparity
неэквивалентный non-equivalent
~ обмен non-equivalent exchange
неэкономичность diseconomy

неэкономичный uneconomic
неэластичн//ый inelastic
~ спрос inelastic demand
~ ое предложение inelastic supply
неэффективный ineffective, inefficient
неявно implicitly, tacitly
неявный implicit
нижележащий underlying
нижестоящий subordinate
нижний lower
нисходящ//ий discending
по ~ ей линии in the line of descent
ничтожный insignificant, negligible, very small
новация novation
нововведение innovation
~, повышающее производительность труда productivity-enhancing innovation
новый new
"~ курс" Ф.Д. Рузвельта New Deal
ножницы scissors
~ цен price scissors
ноль zero, null
номер number; issue; count; item; size
~ позиции item number
порядковый ~ serial number
номинал nominal (value), face value
номинальный nominal, rated
норма rate, quota; norm, standard (of); bound; valuation
~ вектора norm of a vector, length of a vector
~ накопления rate of accumulation
~ ошибок округления round-off accumulation
~ прибавочной стоимости rate of surplus value
~ прибыли rate of profit
~ процента rate of interest
~ потребления rate of consumption
~ сбережения rate of saving
~ эксплуатации rate of exploitation
теория норм theory of valuations
нормализатор normalizer
нормализация normalization, standardization
нормаль normal, standard
нормальн//ый normal, standard; model
~ вид standard form, conical form
~ делитель normal divisor
~ ое распределение normal distribution
~ ое уравнение standard equation
целая функция ~ ого вида entire function of mean type
норматив normal, input normal
нормативн//ый normative
~ коэффициент эффективности капитальных затрат normative coefficient of investment efficiency, rate of return
~ план normative plan

~ подход normative approach

~ прогноз normative forecast

~ ая модель normative model

нормирование rationing

~ целей goals weighting

нормировать norm; normalize, standardize

нормирующий normalizing

носитель carrier

~ данных data-carrier, data-medium

магнитный ~ magnetic medium

нужда want, demand

нулев//ой zero, null, pertaining to zero

~ корень zero root

~ ая гипотеза null hypothesis

~ ая точка origin

~ ое решение zero solution, trivial solution

нуль *см.* ноль

~ -гипотеза null hypothesis

~ -множество null-set, empty-set

~ -норма null-form

~ -степенный nil potent

~ -элемент zero element

обращаться в ~ disappear, vanish

сводить к ~ ю bring to naught, bring to nothing, reduce to zero

сводиться к ~ ю come to nothing

нумерация indexing; numbering; enumeration

О

обгонять outrun, outstrip

обеспечение support

~ принятия управленческих решений decision support

аппаратное ~ hardware

информационное ~ dateware

программное ~ software

техническое ~ *см.* аппаратное ~

обзор survey; abstract; review

обилие abundance, plenty

область domain; region; area; zone; range of a variable; sphere

~ допустимых решений feasible set, feasible space, opportunity set

~ значений range of values

~ изменений domain of variation, range of variation

~ определения domain of definition

~ отклонения region of deviation, region of deflection

~ транзитивности transitivity set

доверительная ~ confidence region

критическая ~ critical region, rejection region

обнаружение detecting, detection, discovery, finding

обнаруживать detect; discover, find out; reveal

обнаружить *см.* обнаруживать

обновление renovation; renewal
— данных updating

обобщение generalization, extension

обобщенный generalized, extended

обобществление socialization

обозначение notation, designation

оболочка envelope, cover; hull; casing
выпуклая ~ convex hull
линейная ~ linear span, linear manifold

оборудование equipment

обоснование basis, ground; foundation; proof

обоснованный justified; proved, sound, valid, well-founded
~ довод sound reason

обособленный solitary, detached; isolated

обработка handling, processing; treatment; cultivation
~ в диалоговом режиме conversational processing
~ данных data handling, data processing
числовая ~ numerical treatment

образ image; form; manner; transform; shape; appearence; mode; kind; pattern

образец model, pattern, standard; sample, specimen; type

образный figurative; descriptive
-образный -shaped
S- ~ S-shaped

обратимый inverse; invertible; reversible; convertible

обратно conversely; inversely; back; backwards
~ пропорциональный inversely proportional

обратнодвойственный dual

обратноразностный backward-difference

обратн//ый inverse; reverse, opposite; converse; back; reciprocal; inverted; backward
~ знак opposite sign, reversed sign
~ ая величина reciprocal
~ ая задача dual problem
~ ая матрица reciprocal matrix, back matrix
~ ая связь feedback
~ ое отношение inverse ratio
~ ое преобразование reconvertion
в ~ ом порядке in reverse order

обращать convert; turn into; transform; invert

обращени//е (*превращение*) inversion; reversion; conversion; converse
~ вероятности inverse probability
~ в нуль vanishing
~ матрицы matrix inversion
формула ~ я inversion formula

обращение (*оборот*) circulation; turnover

обращение (*к кому-л., чему-л.*) address (to); call; reference

~ к программе subroutine call

~ по имени reference by name

время ~я к запоминающему устройству storage access

обследование survey; investigation; inspection, inquiry

~ данных survey of data

выборочное ~ sample survey

предварительное ~ pilot survey, exploratory survey

обслуживани//е service; maintenance; care

время ~я service time

групповое ~ bulk service, batch departure

приоритетное ~ foregrounding

теория массового ~я queueing theory

техническое ~ maintenance

обслуживающ//ий serving

~ее устройство server

обстоятельство case; circumstance; property; condition; situation

обтекаем//ый streamlined

придавать ~ую форму streamline

обусловить cause; specify; stipulate; make conditions

обусловленный due to, resulting from; stipulated; conditional; dependent on; agreed upon

обусловливать *см.* обусловить

обучение instruction, teaching, training; learning

~ с использованием ЭВМ computer-aided instruction, CAI

обход by-pass; circumvention; encirclement

общезначимость general validity; general meaning

общезначимый general

общественно social; socially

~ необходимое рабочее время socially nacessary labour time

общественн//ый social, public; community

~ая формация social formation

общество (*в разн. знач.*) society

~ с развитой информационной технологией information-oriented society

общество (*компания*) company

акционерное ~ joint-stock company

общ//ий general; common; overall; aggregate, total; mutial

~ итог total

~ая статистика general statistics

~ ая точка generic point

~ ее решение однородного уравнения complementary function, general solution of the homogeneous equation

~ ее число general number

наибольший ~ делитель greatest common divisor

наименьшее ~ ее кратное least common multiple

точный в ~ ем generically exact

общность generality; community

объединение (*действие по глаг. "объединять"*) uniting; unification; combination

~ в блоки blocking

~ в сеть networking

объединение (*организация, учреждение*) union; joint; amalgamation; association

объект object; item; entity; unit; target

~ эксперимента experimental unit

объективный objective

объём volume; size; amount; extent

~ выборки sampling size

~ данных data amount

~ партии lot size

основной ~ выборки при обследовании variable radix

физический ~ actual volume

овал oval

овальный oval

огибающая envelope

оговаривать stipulate; specify, mention; state explicitly

оговор//ить *см.* оговаривать

если противное не ~ ено unless otherwise stipulated

оговорк//а reservation, proviso, stipulation

с ~ ой with reserve

ограничени//е constraint, restraint; limitation, limit, restriction; cut-back; barrier

~ на вход barrier to entry

двойственные ~ я dual constraints

избыточное ~ redundant constraint

линейное ~ linear constraint

ограниченность scarcity

~ ресурсов scarcity of resources

ограниченн//ый limited, restricted, bounded

~ по упорядоченности order-bounded

~ сверху bounded above

~ снизу bounded below

~ ое изменение bounded variation, finite variation

~ ое последствие limited after-effect

ограничивать bound, limit, restrict; confine

ограничить *см.* ограничивать

одинаковый equal; the same; identical

одиночный single; individual

одноадресный one-address, single-address

одновременно simultaneously

однозначност//ь uniqueness; single valuedness
  теорема ~ и uniqueness theorem
однозначн//ый one-valued, single-valued; unique; univalent
  ~ ое число digit
  взаимно ~ one-to-one
одноиндексный of one index, single-index
одномерный one-dimensional, univariate; single
однообразный uniform; monotonous, monotone
однопараметрический one-parameter
одноразовый single, one-time, one-shot
одноразрядный single-order, single-digit
однородность homogeneity; uniformity
однородный homogeneous; uniform; similar
односторонний unilateral; one-sided; one way
одноточечный single-point, one-point
одночлен monomial
одночленный monomial, one-term, one-termed; one-place; monadic
одношаговый one-step
одноэлементный one-element, consisting of a single element
ожидаем//ый expected
  ~ ая величина expected value
  ~ ая частота expected frequency
ожидани//е expectation; waiting
  математическое ~ mathematical expectation, mean value, probabilistic average
  время ~ я latency, latency period, delay, waiting time
окаймление bordering, edging
окаймляющ//ий bordering, bounding, boundary
  ~ ая грань boundary face
около near; about; by; close to; around
окончание end; termination
окончательн//ый final; definitive; best possible; terminal
  ~ ое выражение resultant expression
  функция ~ ых решений terminal-decision function
окрестность environment, neighbourhood, vicinity; environs
округлени//е rounding off; approximation
  ошибка ~ я round-off error
  точка ~ я umbilical point
окружающ//ий surrounding; environment
  ~ ая среда environment
  загрязненная ~ ая среда polluted environment
окружность circumference; circle; periphery
олигополия oligopoly
  устойчивая ~ tenacious oligopoly
олигопсония oligopsony

операнд operand
оперативн//ый efficient, active; operative; operation
 ~ ая характеристика operating characteristic
 ~ о-календарное планирование production scheduling
оператор operator
 ~ возврата return statement
 ~ переноса translation operator
 ~ присвоения assignment statement
 вызывающий ~ caller
операционн//ый operating
 ~ ая система operating system
 ~ ое уравнение operational equation
операци//я operation
 ~ "И" AND operation
 ~ "ИЛИ" OR operation
 ~ над базой данных database operation
 ~ над векторами vector operation
 ~ над массивами array operation
 ~ над множествами set operation
 ~ над скалярными величинами scalar operation
 ~ над строками данных string operation
 ~ "НЕ—И" NAND operation
 ~ "НЕ—ИЛИ" NEITHER—NOR operation
 бинарная ~ dyadic operation
 логическая ~ Boolean operation
 код ~ и operation part
 команда ~ и operand
опережать outrun, outstrip
описательн//ый descriptive
 ~ ая статистика descriptive statistics
 ~ ая экономика descriptive economics
опорн//ый supporting, support, bearing
 ~ план basic feasible solution
 ~ ая плоскость plane of support
 ~ ая функция support function
оправдание justification
определение definition; determination; allocation
 ~ приоритета priority resolution
 ~ цен price fixing
определенность determination; definiteness; certainty
определенн//ый definite, well-defined; determinate; determined; specific
 ~ интеграл definite integral
 ~ ое событие specific event
 отрицательно ~ negative definite
 положительно ~ positive definite
определитель determinant
определить define; determine; fix
определять см. определить

определяющ//ий determining; defining; governing
  ~ ее уравнение indicial equation, fundamental equation
опробование sampling; testing
опровергать refute, disprove; contradict
опровергнуть *см.* опровергать
опровержение refutation, disproof; denial; contradiction
опрос inquiry; questionnaire; question; poll, polling; interrogation; questioning
оптимальность optimum, optimality
  ~ по Парето Pareto optimum [optimality], Pareto efficiency
оптимальн//ый optimum, optimal
  ~ план optimal design, optimal plan
  ~ ая выборка optimal selection
  ~ ое размещение optimal allocation
  ~ ое решение optimal solution
оптимизация optimization
  безусловная ~ unconstrained optimization
  векторная ~ multiobjective optimization, vector optimization
  глобальная ~ overall optimization
  условная ~ constrained optimization
оптимизируемый optimizing
оптимум optimum
  ~ по Парето Pareto optimum, Pareto optimality, Pareto efficiency
опускать (*пропускать*) omit; drop
опущение omission
опыт attempt; experience; experiment; test; trial
опытны//й (*экспериментальный*) experimental; empirical; pilot
  ~ е данные experimental data
организационн//ый organizing
  ~ о-технические знания know-how
ординальный ordinal
ординарный ordinary, common
ордината ordinate
оригинал original; pre-image
оригинальный original
ориентация orientation
ориентированный oriented; directed
  ~ граф oriented [directed] graph
ориентировать orient; direct
ориентировочный approximate; tentative; orientation
орт basis vector, unit vector
ортант orthant
ортогонализация orthogonalization
ортогонализировать ортогонализировать orthogonalize
ортогональность orthogonality

ортогональный orthogonal
ортодоксальный orthodox
ортонормированный orthonormalized, normalized, orthonormal
оруди//е instrument, implement; tool
  ~ я труда instruments of labour
осевой axial
основа basis; base; foundation
основани//е base; reason; basis; foundation; ground
  ~ системы счисления radix
  иметь все ~я have very reason to
  лишено всякого ~я absolutly unfounded
  на ~и on the basis of, on the grounds of, because
  на равных ~ях with equal reason
основанный established, based on
  ~ на постулатах postulational
основн//ой basic, fundamental; cardinal, principal; chief, main, major; master
  ~ вектор basis vector, unit vector
  ~ закон fundamental law
  ~ период fundamental period
  ~ ая таблица master table
  ~ ое значение basic meaning
  ~ ое отклонение standard deviation
  ~ ые фонды fixed assets
  ~ ые черты basic features, outline
основополагающий basic, fundamental; initial
основоположение basic foundation
особенность singularity; peculiarity; particularity; exception
особенный particular; peculiar; singular; special; unusual
особ//ый см. особенный
  ~ ая точка singular point
остаток residue, residual, remainder
  ~ от деления remainder
остаточн//ый residual, remainder
  ~ компонент residual component
  ~ член remainder term
  ~ ая дисперсия residual variance
островершинность peakedness; pointedness; kurtosis
островершинный leptokurtic
остроугольный acute; acute-angled
осцилляция oscillation
ось axis, axle
  главная ~ principal axis, main axis
  числовая ~ number axis, numerical scale
отбор selection, sampling, screening
  естественный ~ natural selection

равновероятный ~ sampling with equal probability
случайный ~ random sampling
вероятность ~ a probability of sampling

отбрасывани//е rejection; dropping
ошибка при ~ и truncation error

отбросить omit; give up; reject; drop

отброшенн//ый rejected; truncated
~ ые данные rejected [truncated] data, censored data

отвергать reject; discard
отвергнуть см. отвергать
ответ answer, response, reply; result
ответвление branch, off-shoot, ramification
отдаленный outlying; remote; separated
отдача return; recoil; responce; output, efficiency
отдельн//ый isolated; separate; individual
~ ая точка isolated point
отделить separate; isolate
отделять см. отделить
отделяющ//ий separating; isolating
~ ее множество separating set
отказ failure; refusal, rejection; breakdown; denial
полный ~ complete failure
отклик response

ожидаемый ~ predicted response

отклонени//е bias; departure; rejection; devergence; deflaction, deviation; error
~ от нормального распределения abnormality, disnormality, departure from normal distribution
~ оценки error of estimation
значительное ~ significant deviation
квадратическое ~ quadratic deviation, variance
критическое ~ critical deviation
накопленное ~ accumulated deviation
нормальное ~ normal deviation
резко выделяющееся ~ outlying deviation
совпадение ~ й по знаку concurrent deviations
среднее ~ mean deviation
стандартное ~ standard deviation

открыт//ый open, opened; discovered
~ ая модель open model
~ ое отображение interior mapping, open mapping

отметка note; mark
отнесение reference
относительност//ь relativity
теория ~ и theory of relativity
относительн//ый relative

~ ая величина relative value, rate, ratio

~ ая величина интенсивности intensity rate

~ ая величина моментов ratio of moments

~ ая величина распределения distribution ratio

~ ая точность relative precision

~ ая частота relative frequency

~ ое число rate, ratio, algebraic number

относиться relate (to); refer (to)

отношени//е ratio; relation; quotient

~ подчиненности owermember relation

~ попарных произведений cross product ratio

~ порядка order relation, ordering relation

~ правдоподобия likelihood ratio

~ предпочтения preference relation, preference pattern

выборочное ~ sampling ratio

двоичное ~ cross ratio, double ratio

двойное ~ *см.* двоичное ~

количественное ~ magnitude relation

корреляционное ~ correlation ratio

многозначное ~ multivalued relation

причинно-следственное ~ causal relation

производное ~ derivative relation

товарно-денежные ~ я money-commodity relations

шкала ~ й ratio scale

отображение mapping; representation; transformation

~ в себя into mapping

~ вырезания excision mapping

затухающее ~ fading mapping

открытое ~ interior mapping, open mapping

отождествить identify

отождествлять *см.* отождествить

отправн//ой starting

~ пункт starting point, origin

~ ая точка *см.* ~ пункт

отраслев//ой branch; industrial; sectoral

~ ая автоматическая система управления, ОАСУ sectoral automated control system

отрасл//ь branch; industry; sector

~ и, производящие услуги service-producing industries

добывающая ~ extractive industry, mineral industry, raw materials industry, primary sector, primary branch

монополизированная ~ monopolistic industry

наукоемкая ~ science-based branch, science-intensive branch, research-intensive branch

организационно раздробленная ~ экономики (*с большим количеством независимых мелких фирм*) atomic industry

перерабатывающая ~ process industry, secondary sector, secondary branch

смешанные ~ **и промышленности** allied industries, related industries

отрезок segment; interval; piece; section

~, отсекаемый на оси intercept

отрицание negation, rejection, denial

отрицательный negative

отрыв separation, isolation

точка ~ a separation point

отсекать cut off, sever, truncate

отсекающ//ий cutting, truncating

~ ая плоскость cutting plane

отсеивание elimination; screening; sifting

~ элементов массива sifting

отсечение cutting off, severence

~ части графического изображения scissoring

отсутствие abscence; lack

~ времени lack of time

~ денег lack of money

~ избыточности nonredundancy

отсчет reading, reference

ось ~ a axis of reference

система ~ a frame of reference

отчетность reporting; accountability, accounting; rendering of returns

статистическая ~ statistical reporting

отчетный current; account; report

~ период accounting period, period of inquiry, base period

отчуждение alienation

охват scope; inclusion; envelopment

оценивание estimation; assessment; valuation

доверительное ~ estimation by means of confidence region

оценк//а estimate, estimation, estimator; value; evaluation; measurability; bound; assessment

~ максимального правдоподобия maximum likelihood estimate [estimator, estimation]

~ параметров parameter estimation

~ по отношению ratio estimate [estimator, estimation]

~ погрешности error estimate [estimator, estimation]

~ природных ресурсов economic assessment of natural resources

~ сверху upper bound estimate [estimator, estimation]

~ снизу lower bound estimate [estimator, estimation]

~ с помощью порядковых статистик estimate [estimator, estimation] based on order statistics

~ технологий technology assessment

двойственные ~ и optimal valuation, shadow price

двусторонняя ~ limitation from above and below, estimation from above and below, estimate giving upper and lower bounds

допустимая ~ admissible estimate [estimator, estimation]

достаточная ~ sufficient estimate [estimator, estimation]

квадратическая ~ quadratic estimate [estimator, estimation]

наилучшая асимптотически нормальная ~ the best assymptotic normal estimate [estimator, estimation]

неискаженная ~ unbiased estimate [estimator, estimation]

несмещенная ~ *см.* неискаженная ~

несостоятельная ~ inconsistent estimate [estimator, estimation]

объективно обусловленные ~ и objectively determined valuations

смещенная ~ biased estimate [estimator, estimation]

совокупная ~ collective estimate [estimator, estimation]

состоятельная ~ consistent estimate [estimator, estimation, assessment]

точечная ~ point estimate [estimator, estimation]

улучшенная ~ improved estimate [estimator, estimation]

упрощенная ~ simple estimate [estimator, estimation], simplified estimate [estimator, estimation]

эффективная ~ efficient estimate [estimator, estimation]

оценочн//ый estimate, estimation

~ ая функция estimator

очередь line, waiting line, queue; turn

очистка clearing

очищенный net; rectified

~ коэффициент net rate

очко point

ошибк//а error, mistake; fallacy; bug

~ в вычислении miscalculation

~ взвешивания weight bias

~ выборки sampling error

~ классификации misclassification

~ наблюдения error of observation, ascertainment error

~ округления round-off error

~ перенесения свойств частного на общее fallacy of composition
~ приближения error of estimator
~ при отбрасывании truncation error
~ , связанная с качеством выборочного обследования ascertainment error
~ эксперимента experimental error
вероятностная ~ probable error
грубая ~ gross error, blunder
дисперсия ~ и error variance
допустимая ~ admissible error
неисправимая ~ fatal error
основная ~ standard error
ощутимая ~ appreciable error
систематическая ~ bias error, fixed error
случайная ~ random error
среднеквадратическая ~ mean-square error
средняя абсолютная ~ mean-absolute error
стандартная ~ см. основная ~
статическая ~ steady-state error
суммарная ~ cumulative error
уменьшение ~и reduction error
экспериментальная ~ см. ~ эксперимента
ошибочный erroreous, mistaken, incorrect
ощутимый tangible, appreciable

П

падение fall, downfall; decline; drop; incidence
пакет package, pack, parcel, packet
~ данных packet
~ прикладных программ batch, program pack, application software package
памят//ь memory; recollection, remembrance
~ с произвольной выборкой random-access memory, RAM
емкость ~ и memory capacity, storage capacity
пара pair; couple
~ сил force couple
~ ми in pairs
парабола parabola
параболический parabolic
параболоид paraboloid
парадокс paradox
~ Гиффена Giffen's paradox
параллелепипед parallelepiped
параллелограмм papallelogram
параллель parallel
проводить ~ draw a parallel

параллельно in a parallel way; in parallels
параллельность parallelism
параллельный parallel, concurrent
~ перенос translation
параметр parameter
~ положения location parameter
~ разброса scale parameter, dispersion index
~ целочисленных значений Boolean parameter
~ шкалы scale parameter
введенный ~ present parameter
значение ~ a value, parameter point
масштабный ~ *см.* ~ шкалы
не зависящий от ~ a parameter-free
несущественный ~ incidental parameter
прогнозирующий ~ predictor
параметризация parametrization
параметрический parametric, parameter
пари bet
паритет parity, equality
парк park
исследовательский ~ research park
научный ~ science park
промышленный ~ industrial park
технологический ~ technology park
парный conjugate; twin; pair, pared; dual
пароль password
партия party, group; game, set; batch; lot
партнер partner
пассивный passive
~ баланс adverse balance, negative balance
патернализм paternalism
паттерн PATTERN
паутинообразн//ый cobweb
~ ая модель cobweb model
первичн//ый primary; initial
~ ая выборочная единица primary sampling unit
~ ая совокупность parent universe, parent population
первоисточник origin; primary source
первоначальны//й original, initial; prime, primary; elementary; primitive
~ е данные raw data
~ е числа cardinal numbers, bases
первооснова fundamental principle
первостепенный primary; paramount
перевооружение retooling
~ и модернизация retooling and modernization
перегиб inflection; bend, twist
точка ~ a point of inflection
перегруппирование rearrangement; regrouping

перегруппировка regrouping

передаточн//ый transmitting; transmission
 ~ ая функция transfer function

передача transmission; drive; broadcast; transfer; gearing
 ~ данных data communication, data transmission
 ~ информации data transfer
 ~ сигналов signaling
 ~ технологии technology transfer
 ~ управления по команде безусловного перехода unconditional transfer

переименовать rename; rewrite

переименовывать *см.* переименовать

перекос skew, skewness

перекрестный cross, crossed; switch-back
 ~ коэффициент эластичности cross elasticity coefficient

перекрещивающийся crossing, intersecting, criss-cross

перекрытие overlap

перемена interchange, change; alternation

переменная (*сущ.*) variable; argument
 ~ управления instrumental variable
 вспомогательная ~ additional variable, auxiliary variable
 зависимая ~ dependent variable
 искусственная ~ artificial variable
 контрольная ~ test variable
 независимая ~ independent variable
 нормированная ~ normalized variable
 скрытая ненаблюдаемая ~ latent variable
 случайная ~ random variable
 сопутствующая ~ concomitant variable
 управляющая ~ instrumental variable
 фиктивная ~ slack variable
 экзогенная ~ exogenous variable
 эндогенная ~ endogenous variable, induced variable

переменн//ый variable
 ~ ая величина variable

переместительн//ый commutative
 ~ ое свойство commutation property

переместить transpose; transfer; commute; move

перемешанны//й mixed
 ~ е числа shuffled numbers

перемешивание intermixing; confusion

перемещать *см.* переместить

перемещение permutation; transfer; interchange; displacement; moving
 обратное ~ back-spacing

перемножать multiply (out)

перемножение multiplication, maltiplying out

перенормировка renormalization

перенос transfer, carry, carry-over; translation; transport; hyphen

~ **из предыдущего разряда** previous carry

~ **переполнения** overflow

каскадный ~ step-by-step carry

круговой ~ end-around carry

параллельный ~ translation

поверхность ~ a translation surface

предыдущий ~ *см.* ~ **из предыдущего разряда**

сквозной ~ ripple carry

сложный ~ accumulative carry

схема ~ a carry circuit

циклический ~ *см.* **круговой** ~

перенумерация renumbering, enumeration, numbering

перенумерование enumeration

переопределенный overdetermined

переориентация redirection

перепад overfall

перепись census; enumeration

переполнение overfilling, overflow; thrashing

перепроизводство overproduction

перераспределение redistribution; reallocation

перерасчет re-computation

пересекать intersect, cut, cross; traverse; overlap

не ~ non-intersect, not overlap

пересекаться intersect, cross each other, intersect each other

взаимно не ~ be mutually disjoint, be mutually exclusive

попарно не ~ *см.* **взаимно не** ~

пересекающ//ий intersecting, crossing

~ **ая линия** secant, secant line

пересекающи//йся *см.* **пересекающий**

~ **еся линии** intersecting lines

пересечени//е intersection, crossing; meet

точка ~ **я** crossing point

пересеченный crossed, intersected; overlapped

~ **взвешенный индекс** crossed weighted index

пересечь *см.* **пересекать**

пересечься *см.* **пересекаться**

перестановка permutation; rearrangement; transposition

перестановочность permutability; commutativity; commutability

перестановочный permutation, permutational; commutative

переформулировать reformulate, restate
переход passage; transfer, transition; jump; conversion; junction; change-over
 безусловный ~ unconditional jump
 условный ~ conditional jump, "jump if not"
 предельный ~ limiting process, passage to a limit
 коэффициент ~ a convertion factor
 матрица ~ a transition matrix
 операция условного ~ a "jump if not" operation
переходн//ый transitional, transition; transient
 ~ процесс transient, transient process
 ~ ое состояние transient state
 ~ ое явление см. ~ процесс
переходящий transient
перечень enumeration; list
перечисление (счет) enumeration
перечисление (финансовая операция) transfer
перечислимый denumerable; countable
 рекурсивно ~ recursively enumerable
перечислить (сосчитать) enumerate
перечислить (произвести финансовую операцию) transfer
перечислять см. перечислить

перигей perigee
периметр perimeter
период period
 отчетный ~ accounting period, business period
периодическ//ий periodic, reccurrent, alternating, torsion
 ~ ая дробь repeating decimal, recurring decimal
периодичность periodicity
периферийны//й peripheral
 ~ е устройства ЭВМ peripheral equipment
периферия periphery; circumference
перманентный permanent
перпендикуляр perpendicular, vertical, normal
перпендикулярный perpendicular, vertical, normal
персональный personal
 ~ компьютер personal computer, PC
перспектива perspective; view; outlook; prospect
ПЕРТ (метод оценки и пересмотра программ) PERT, program evaluation and review technique
пертурбация perturbation
перфокарта punch card
перфолента tape, perforated tape, punch tape
перфоратор perforator, punch, puncher
перфорационный perforated, punched, punch
перфорация punching

перфорирование *см.* перфорация

перфорировать perforate, punch

петлевидный loop

петля loop

  замкнутая ~ closed loop

пик peak

пиктограмма pictogram

пилообразный saw-tooth

пирамида pyramid

  возрастная ~ age pyramid

пирамидальный pyramidal

плавающ//ий floating; drifting; navigating

  ~ адрес symbolic address, floating address

  ~ -ая запятая floating point

плавность smoothness, fluency

плавный smooth

план plan; setting scheme; map; design; blueprint

  ~ выборки sampling design

  ~ игры plot of the game

  ~ неполных блоков incomplete block design

  ~ обследования survey design

  ~ последовательных выборок sequential-sampling plan

  ~ симплексных сумм simplex sum design

  ~ случайного отбора sampling plan

  ~ эксперимента experimental design

  директивный ~ plan target

  опорный ~ basic feasible solution, basis

  опорный ~ двойственной задачи dual feasible basis

  оптимальный опорный ~ optimal basis

  повторный ~ replicated design

  разрешимый ~ resolvable design

  рандомизированный смешанный дробно-факторный ~ randomized combined fractional factorial design

  решетчатый ~ lattice design

  сбалансированный ~ balanced plan

  случайный ~ randomized plan

планиметрия planimetry, plane geometry

планирование planning; glide, gliding; scheduling; designing; programming

  ~ экспериментов design of experiments

  долгосрочное ~ long-run planning, long-term planning, long-range planning

  краткосрочное ~ short-run planning, short-term planning, short-range planning

  централизованное ~ central planning

планировка design, planning

планомерный systematic, regular, planned

планометрия planometrics

пласт layer; stratum

плата (*финансовая платежная операция*) charge; pay, payment; fee; price
арендная ~ rent
квартирная ~ *см.* арендная ~

плата (*техническое устройство*) board; card
~ с интегральными схемами populated board
многослойная ~ multilayer card
системная ~ system board
сменная ~ plung-in card
соединительная ~ interconnect board

платеж payoff, payment
платежеспособность solvency
платежеспособный solvent
~ спрос solvent demand
платежн//ый pay, payment
~ая матрица payoff matrix
плоский plane; flat; planar; horizontal
плоскопараллельный plane-parallel
плоскость plane, surface; flat, flatness
~ средней квадратической регрессии mean square regression plane
направляющая ~ control surface
плотност//ь density; compactness, solidity, strength; frequency
~ вероятности probability density
~ распределения distribution density, spectral density, density [frequency] function, probability density, density of distribution,
~ распределения вероятностей probability density, density of probability distribution
запись с высокой ~ью high density recording
кривая ~и frequency curve
условная ~ conditional density
функция ~и frequency [density] function
плотный dense, compact, thick, close
плохо improperly; poorly; bad, badly; ill
~ обусловленный improperly stipulated, poorly worded
площад//ь area; space; square; surface
~, ограничиваемая нормальной кривой normal area, area under normal curve
~ поверхности square measure
сходимость по ~и convergence of surface
плюс (*в разн. знач.*) plus
плюс (*преимущество*) advantage
поведение conduct, behaviour; policy
целенаправленное ~ goal-seeking behaviour
поведенческий behavioral

поверхностный pertaining to surface, surface, superficial

поверхность surface; face; area
 ~ **нормальной корреляции** normal correlation surface
 вероятностная ~ probability surface

поворот rotation, turn

поворотн//ый turning; rotary
 ~ **ая точка** turning point

повторный repeated; reiterated, iterated
 ~ **интеграл** iterated integral
 ~ **счет** double counting

повторяемость replication; repetition; reiteration; recurrence

повышение boost; rise

погрешность error, mistake; descrepancy
 среднеквадратическая ~ root mean square deviation

под- sub-

подалгебра sub-algebra

подбор selection; choice; fitting, fit
 метод ~ a method of trial and error
 решение ~ **ом** solution by inspection

подбрасывание tossing; flipping
 ~ **монеты** coin tossing, flipping of coin

подведение rendering
 ~ **итога** tally

подвижность mobility; liveliness

подвижн//ый mobile; moving; sliding; travelling; non-stationary
 ~ **адрес** floating address
 ~ **ая шкала** sliding scale

подвыборка subsample

подгонка trimming; matching; adjustment

подграф subgraph

подгруппа subgroup

поддерево subtree

подкласс subclass, subset

подкольцо subring

подкомплекс subcomplex

подкоренн//ой subradical, under the radical sign
 ~ **ая величина** radicand

подматрица submatrix

подмножество subset

подмодель submodel

подобие similarity, similitude, likeness

подобласть subregion, subdomain

подобн//ый similar (to), homothetic
 ~ **ое преобразование** similitude, dilation
 ~ **ые треугольники** similar triangle

подопытный subject to an experiment; experimental

подписн//ой subscription
 ~ **ые знаки** subscripts

подподпоследовательность subsubsequence, subsequence

подпоследовательность subsequence

подпрограмма subroutine

подпроизведение subproduct, subbundle
подпространство subspace
подразделить subdivide; partition
подразделяемый partitionable
подразделять *см.* подразделить
подробно in detail, at length, minutely; explicitly
подробность detail
подробный detailed, minute
подсектор subsector
подсемейство subfamily
подсистема subsystem
подсовокупность subset
подстановка substitution, permutation
подсчет count
подуровень sublayer, sublevel
подформула corollary formula, corollary
подфункция minorant, minorant function
подход approach
  затратный ~ high cost-output mode of approach
  системный ~ systems approach
подчиненный (*сущ.*) subordinate
подчиненный (*прил.*) subordinate; obeying
  ~ закону obeying a law
подынтегральн//ый integrand, under the integral sign
  ~ ая функция integrand
подынтервал subinterval

подытоживать sum up, reckon, summarize
подытожить *см.* подытоживать
позитивный positive
позиция position, stand, attitude
познани//е cognition; knowledge
  теория ~ я epistemology
поиск search
  случайный ~ random search
показател//ь index, exponent; characteristic; sign; statistic; indicator
  ~ корня index of root, order of root
  ~ объема index of volume
  ~ плана plan number
  ~ степени exponent
  ~ и деловой активности business barometers
  выборочный ~ sample statistic
  натуральный ~ physical indicator
  основной укрупненный ~ basic aggregate
  совокупные ~ и национальных счетов national accounting aggregates
  статистический ~ statistic
  стоимостной ~ value indicator
  укрупненный базисный ~ *см.* основной укрупненный ~

экономический ~ economic indicator, economical indicator

показательн//ый exponential; demonstration, demonstrative; significant; representative
~ **ая выборка** representative sample
~ **ая линия** radical axis, potential line
~ **ая функция** exponential function

поко//й rest, peace
в ~ е at rest
масса ~ я rest-mass
точка ~ я stationary point

покомпонентно component by component, component-wise

покомпонентный component-wise

покоординатно coordinate-wise, by coordinates

покупатель buyer, purchaser; customer

покупательн//ый purchasing
~ **ая способность** purchasing power

полагать suppose; assume; set; let

поле field; ground
~ **отношений** quotient field

полезность usefulness, utility
количественная ~ cardinal utility
падающая ~ diminishing utility
порядковая ~ ordinal utility
предельная ~ marginal utility

полезн//ый useluf, helpful, efficient
коэффициент ~ **ого действия, кпд** efficiency

ползунок movable indicator

поли- multi-, poly-

поливектор multivector

полигармонический polyharmonic, multiharmonic

полигенный marked

полигон polygon
~ **частоты** frequency polygon, histogram

полином polynomial

полиотношение multirelation

политика policy
~ **невмешательства государства в течение экономических процессов** laissez-faire, laissez-passe
~ **стабилизации** stabilization policy
бюджетная ~ fiscal policy
кредитная ~ lending policy
кредитно-денежная ~ monetary policy
монетарная ~ monetary policy
фискальная ~ *см.* бюджетная политика

политический political

политэкономия political economy, political economics

полифония polyphony

полиэдр polyghedron, polytope

полнот//а completeness; plentitude
аксиома ~ **ы** completeness axiom, axiom of completeness

полн//ый full; complete, total; perfect
 ~ дифференциал total differential
 ~ квадрат perfect square
 ~ покой absolute rest
 ~ прообраз pre-image, complete prototype
 ~ ая аддитивность complete additivity, countable additivity
 ~ ая ошибка total error
 ~ ое произведение final product
 ~ ое упорядочение complete ordering, well-ordering
половина one-half; half
пологий slanting, sloping
положени//е situation; position; state, condition; aspect; statement; status
 возвращение в исходное ~ resetting
 геометрия ~ я analysis situs, topology
положительный positive; affirmative
полоса band, strip; zone, region, fringe, belt; period
полосообразный strip
полу- semi-, hemi-, half-
полуавтоматический semiautomatic
полуаддитивный semiadditive
полуалгебраический semi-algebraic
полубайт half-byte, nibble
полубесконечный semi-infinite
полубит half-bit
полувариация semi-variance
полувыборка half-select
полузамкнутый half-closed
полуинтервал half-interval, half-open interval, semi-open interval
полуитеративный semi-iterative
полукасательная half-tangent, semi-tangent
полукольцо semi-ring
полукруг half-disk, semi-circle
полукруглый semicircular
полунепрерывно semi-continuously
полунепрерывность semi-continuity
 ~ сверху upper semi-continuity
 ~ снизу lower semi-continuity
полунепрерывный semi-contunuous
 ~ сверху upper semi-continuous
 ~ снизу lower semi-continuous
полуограниченность semi-boundedness, boundedness from one side
полуограниченный semi-bounded, bounded from one side, semi-closed, half-closed
полуокрестность half-neighbourhood
полуокружность semi-circle
полуопределенный semi-ordinary

полуось semi-axis
полуоткрытый semi-open, half-open
~ интервал half-open [semi-open] interval
полупериод half-life
полупериодный semi-periodic
полуплоскость half-plane
полупростой semi-simple
полупространство half-space
полупрямая (*сущ.*) half-line
полупрямой semi-direct, subdirect
полуравномерный quasi-uniform, semi-uniform
полуразмах semi-range
~ квартилей quartile deviation, quartile semi-range
полураспад half-decay
период ~ a half-life
полусегмент half-segment, half-open interval, semi-open interval
полусимметрия half-symmetry, semi-symmetry
полусумма half-sum
полусфера hemisphere
полусходящийся semi-convergent, asymptotic
полутеоретический semi-theoretical
полуточный semi-exact
полутраектория semi-trajectory
полуупорядоченный partially ordered
полуфабрикат intermidiate product, half-finished product
полуформальный semi-formal
полуфункция semi-function
полуцелый half-integer
получение receipt
~ заданных квот quota fulfilment
полушарие hemisphere
полуэмпирический semi-empirical
полуячейка half-cell
полый hollow; cored
~ шар spherical shell
польза use, advantage, benefit
пользователь user
полюс pole; terminal
поляризация polarization
полярность polarity
полярн//ый polar
~о-симметрический polar-symmetric
пометка mark, note
помех//а hindrance; obstacle, nuisance
~и noise
случайные ~и random noise
понижать reduce; lower; decrease
понизить *см.* понижать
понятие concept, conception, notion, idea
понятийный conceptual
поодиночке one at a time, one by one
поочередно in turn, by turns
попарно in pairs, pairwise, mutually, two by two
~ не пересекающиеся pairwise disjoint

~ несовместимые события pairwise mutually exclusive events
попарны//й paired
~ е сравнения paired comparison
попеременно alternately, by turns
поперечник diameter
поперечн//ый cross, transverse, transversal, diametrical, cross-cut
~ ое колебание transverse vibration
~ ое сечение cross-section
пополам in two, in halves, half-and-half
деление ~ bisection
делить ~ divide in two, bisect
поправк//а correction; adjustment; amendment
~ на крайние значения end correction
~ на сезонные колебания seasonal adjustment
~ на уровень trend adjustment
индекс с ~ ой adjusted index
поправочный correction
~ член correction term
~ коэффициент correction factor, correction coefficient
попробовать try; attempt; test
популярный popular
попытка try, attempt, endeavour
порог threshold, level
порогов//ый threshold
~ ая функция threshold function
порочный faulty, fallacious; vicious
~ круг vicious circle
порция portion
порядочн//ый ordinal, order; serial, rank
~ номер serial number
~ ая корреляция rank correlation, serial correlation
~ ая статистика order statistic
~ ое числительное ordinal
~ ое число ordinal number
поряд//ок order
~ величины order of magnitude
~ сходимости speed of convergence
~ числа exponent
выравнивание ~ ков matching of exponents
произвольный ~ выборки random access sampling
уточненный ~ proximate order
последовательно in turn, successively, consecutively
последовательност//ь sequence, succession
~ команд routine
~ независимых случайных одинаково распределенных величин sequence of independent identically variables, sequence of distributed random variables

итеративная ~ leaning sequence
схема ~ и операций flow chart
сходящаяся ~ convergent sequence
фундаментальная ~ fundamental sequence, Cauchy sequence
последовательн//ый sequential, consecutive, successive; consistent; systematic
~ анализ sequential analysis
~ ая выборка sequential sampling
~ ая выборка команд control sequence
~ ые приближения successive approximation
последействие after-effect
последствие consequence; corollary; contagion; after-effect
последующий consequent; following, subsequent; next; successive; posterior
поставленный posed, set, formulated
корректно ~ correctly formulated, reasonably formulated
постановка statement, posing, formulation, setting up
~ вопроса statement of a question, formulation of a question
постепенно gradually, step-by-step; progressively
постолбцовый along the column, column

постоянная (*сущ.*) constant
постоянн//ый constant; fixed; invariable, permanent; steady; standard
~ сигнал steady signal
~ ая величина constant
метод вариации ~ ых величин method of variation of parameters
постоянство constancy; permanency
~ удельного выпуска constant returns to scale
построчный row, pertaining to row, along the row
постулат postulate, axiom
~ выбора axiom of choice
метод ~ ов postulational method
постулировать postulate
поступательн//ый forward, advancing; progressive, translational, translation
~ ое движение progressive [translation, translational] movement
поступление inflow; entry; receipt
постфактум post factum
посылка (*логическая*) premise
потенциал potential; capability; capacity
научно-технический ~ technological capacities
производственный ~ production capacities
экономический ~ economic capacities
потенциальн//ый potential

~ ая бесконечность potential infinity, constructive infinity

ЭВМ ~ ого типа direct-current computer

потер//я loss; waste;
без ~ и общности without loss of generality
коэффициент ~ и loss factor
функция ~ ь loss function

поток stream, flow; current; flux

потолок ceiling; roof

поточечн//ый pointwise
~ ая сходимость pointwise convergence

потребитель consumer; customer

потребительск//ий consumer
~ бюджет consumer budget
~ ая оценка consumer valuation

потреблени//е consumption; expenditure; input
граница возможного ~ я consumption-possible frontier
~ на душу населения per capita consumption
~ с целью произвести впечатление на окружающих conspicuous consumption
показательное ~ *см.* ~ с целью произвести впечатление на окружающих
реальное ~ actual consumption

потребляемый consumable

потребность demand; want, need, necessity; requirement

почленно termwise

складывать ~ add term by term

почленный term-by-term, termwise

почти almost, nearly
~ значимый almost significant
~ кольцо near-ring

поэлементно elementwise, element-by-element

поэтапный stagewise

пояс belt, zone

пояснение explanation; clarification

правдоподобие probability, likelihood, plausibility, verisimilitude

правило rule; principle, maxim; law
~ Крамера Cramer's rule
установленное ~ standing rule
эмпирическое ~ rule of thumb, empirical rule

правильность regularity; correctness; validity; accuracy

правильн//ый right, true; proper; regular; rectilinear; just, faithful; tame; correct
~ ая дробь proper fraction
~ ая кость balanced die
~ ое вложение tame imbedding
~ ое множество tame set
~ ое решение sound decision
~ ое соотношение just proportion

прав//о right

~ частной собственности private ownership right

~ а интеллектуальной собственности intellectual property rights, IPRs

правомерный rightful; lawful

праксеология praxeology

практика practice

практиковать practice

практикум practical work

практический practical

~ смысл common sense

практичный practical, efficient

преамбула preamble

превалирующий prevalent, prevailing

превосходство superiority

превратить convert, turn (into); transform, transmute (into)

превращать *см.* превратить

превращение transformation, conversion; transmutation, obversion; metamorphosis

преграда barrier, bar; obstacle

предварительно beforehand, preliminary; as a preliminary

~ введенный параметр present parameter

предварительн//ый preliminary

~ ая оценка preliminary estimation

~ ое обследование pilot survey

~ ое условие prerequisite

предвидение foresight

предвосхитить anticipate

предвосхищать *см.* предвосхитить

предел limit; bound; end; margin

~ значимости limit of significance

~ погрешности margin of error, limit of error

верхний ~ условий качества specification maximum

в ~ ах within the limits

в ~ ах досягаемости within striking distance

выйти за ~ ы overstep the limits of, exceed the bounds of

допускаемый ~ specification limit

допустимые ~ ы tolerance limits

нижний ~ условий качества specification minimum

односторонний ~ single limit

положить ~ put an end to

установленные ~ ы specification limits

ширина ~ ов допуска tolerance range, specification range

предельн//ый limit, limiting; marginal

~ доход marginal income, marginal revenue

~ переход passage to the limit

~ случай limiting case

~ эффект затрат marginal efficiency

~ ая зарплата marginal wage

~ ая норма замещения marginal rate of substitution

~ ая полезность marginal utility
~ ая производительность marginal productivity
~ ая склонность к накоплению marginal propensity to save
~ ая склонность к потреблению marginal propensity to consume
~ ая точка limit point
~ ая эффективность marginal efficiency
~ ое множество cluster set
~ ое представление limit representation
~ ое условие boundary condition
~ ые издержки marginal cost
работа в ~ ом режиме marginal operation

предикат predicate
исчисление ~ ов predicate calculus

предисловие preface, foreword, introduction

предлагать offer; propose; suggest

предложение supply; offer, suggestion; conjecture; sentence; proposition; statement; proposal, motion; clause
~ цены bidding
спрос и ~ supply and demand

предложить см. предлагать

предмет subject, topic, theme; object; article; item; unit

~ спора the point of issue

предначертание outline, plan, design

предполагаемый supposed; conjectural; tentative; presumptive; assumed

предположение supposition, assumption; premise;. presupposition

предположительный supposed; conjectural; tentative; presumptive; assumed
~ интервал prediction interval

предпоследний penultimate, next to the last

предпосылка premise; prerequisite, precondition

предпочтени//е preference
выявленные ~ я revealed preferences
отношение ~ й preference relation, preference pattern

предприниматель entrepreneur, industrialist; employer

предпринимательство business, entrepreneurship

предприятие enterprise, undertaking; business

предрешать determine, predetermine

предсказание prediction

предсказатель predictor

предсказать predict

предсказывать см. предсказать

представление (*ознакомление, знакомство; выраже-*

ние в какой-л. форме) representation; presentation

~ числа в обычном виде true representation

~ числа с учетом порядков floating-point notation

двоичное ~ binary notation

дискретное ~ величины sampling

графическое ~ программы flow diagram

матричное ~ matrix representation

параметрическое ~ parametric representation

представление (*идея, понятие*) idea, notion, conception

предъявляемый presenting, producing, producible

предыстория prehistory, previous history

предыдущий previous, preceeding

~ член antecedent

преимущество advantage; preference; superiority; privilege

сравнительное ~ comparative advantage

прекращение stopping, ceasing, curtailment, termination; closure

преломление refraction; breaking; aspect

преломляемость refraction, refractability

премия bonus, premium; prize, reward

пренебрегаемый neglible, neglected

пренебрегать neglect; disregard; ignore

пренебречь *см.* пренебрегать

можно ~ can be neglected

преобладани//е predominance, preponderance, prevalence; exceedance

число ~ й number of exceedances

преобладать predominate, dominate, prevail (over); majorize

преобладающий dominant, predominant, prevailent

преобразовани//е transformation, transform; mapping; conversion; processing; reorganization

~ в цифровую форму digitization

~ данных data conversion, data reduction

~ отображения mapping transformation

линейное ~ linear transformation

обратное ~ inverse transformation, reconversion

система ~ я данных data reduction system, data conversion system

система ~ я информации information processing

собственное ~ non-degenerate transformation

тождественное ~ identical transformation

тригонометрическое ~ angular transformation

преобразователь transformer, transducer, translator, converter
~ данных data converter
линейно-логарифмический ~ linear-to-log converter
обратный ~ inverter
оптимальный ~ optimum transducer
шаговый ~ step-switch converter
цифровой ~ digitizer
преобразовательный transforming, converting, transformer, converter
преобразовать transform, change, convert
~ в цифровую форму digitize
преобразовывать *см.* преобразовать
препятствие obstacle, barrier, obstruction, impediment, hindrance
прерывание interrupt, interruption; break
прерывистый discontinious; broken; discrete; interrupted; intermittent
преткновени//е obstacle, impediment
камень ~ я stumbling block
преувеличение exaggeration
преуменьшение underestimation, understatement
прибавление addition, adding; supplement; augmentation
прибавить adjoint; add; increase

прибавлять *см.* прибавить
прибавочн//ый additional; surplus
~ продукт surplus product
~ труд surplus labour
~ ая стоимость surplus value
приближени//е approximation; approach; fitting
последовательные ~ я successive approximations
степень ~ я degree of approximation
приближенно approximately
~ равняться approximate, be approximately equal (to)
приближенн//ый approximate, aproximated, rough
~ ое изображение функции curve fitting
приблизительно approximately, roughly
прибор apparatus, device, instrument
решающий ~ resolver
прибыль gain, profit, return
добавочная ~ extra profit
средняя ~ average profit
средняя ~ на капитал normal return on capital
приведени//е reduction; adduction; bringing; putting; adducing
формула ~ я reduction formula
приведенны//й reduced
~ е затраты reduced cost

привести (*довести до результата*) reduce to; bring; deduce; adduce; lead to; result in
~ **к масштабу** scale

привести (*огласить*) list; cite, quote
~ **данные** cite data

привнесенный introduced
приводимость reducibility
приводить *см.* привести
пригодный suitable, good (for); fit (to, for); useful; adequate
пригонка fitting; adjusting
приготовление preparation
придавать add; attach; give
~ **значение** attach importance, give meaning (to)
~ **форму** shape, fashion (into)

приданный attached
прием (*метод, способ*) method, way, mode; step; device; stage; procedure; trick
в один ~ at a stretch, at one stretch
в два ~ a in two steps, in two stages
эмпирический ~ empirical method, rule of thumb

прием (*одобрение, согласие*) acceptance
прием (*допущение к себе*) receiving; reception
приемлемый plausible; acceptable
приемник receiver; collector; container
призм//а prism
сквозь ~ y in the light (of)

признак indicator, sign; mark; test; symptom; criterion; index; characteristic; attribute; feature
~ **класса** class mark
~ **равномерной сходимости** test for uniform convergence
качественный ~ quality characteristic [criterion]
количественный ~ measuable characteristic, quantitative characteristic [criterion]
нежелательный ~ demerit
особенный ~ special characteristic, peculiar characteristic
отличительный ~ distinctive feature
сопряженные ~ **и** interdependent characteristics
характеристический ~ attribute

прикидочный estimated
прикладн//ой applied
~ **ая математика** applied mathematics
~ **ая экономика** applied economics

прикосновени//е tangency; contact
точка ~ **я** adherent point, point of tangency

пример example, instance
примерно (*приблизительно*) roughly, approximately
примечание remark; note, comment

примитивный primitive; primary; initial

принцип principle
~ **двойственности** duality principle
~ **максимума Понтрягина** Pontryagin's maximum principle
~ **минимакса** minimax principle
~ **оптимальности** optimality principle
~ **сопоставимых затрат** principle of comparative costs
~ **сравнительного преимущества** principle of comparative advantage

принципиальный principal, of principle; fundamental

принятие reception; taking; admission; admitance; acceptance; adoption
~ **решений** decision making

приоритет priority

припуск allowance; margin

приравнивание equating, setting equal to, equalization

приравнивать equate to

прирастать increase; grow; adhere to

прирасти *см.* прирастать

приращени//е increment, increase
отношение ~ я difference quotient
отрицательное ~ decrement

природа (*сущность, характер*) nature, character

природный natural, innate

прирост increase, increment, growth, gain
~ **информации** information gain
возрастающий ~ increasing rate of growth
снижающийся ~ decreasing rate of growth

приростной incremental
~ **показатель** incremental indicator, incrimental figure

присваивание assignment
~ **меток** labelling
~ **приоритетов** prioritization

присоединение association; connection; joining; addition; adjunction

присоединенн//ый joined, adjoined; associated; adjugate; adjoint
~ **ая матрица** adjoint matrix, augmented matrix

присоединить joint, adjoin; connect; associate; add; annex

присоединять *см.* присоединить

приспосабливать adapt, fit, accomodate, adjust

приспособить *см.* приспосабливать

приспособлять *см.* приспосабливать

пристрастный biased
~ **выбор** biased sampling

приумножать increase, augment, multiply

приумножить *см.* приумножать

причина cause; reason; motive
~ и следствие cause and effect
неслучайная ~ assignable cause
привнесенная ~ *см.* неслучайная ~
причинность causality
причинн//ый causal, causative
~ ая функция source function
проанализировать analyze
проба (*испытание*) test, trial; try-out
проба (*объект, взятый для испытания, анализа*) sample
пробабилизация probabilization
пробегающий passing, running
~ индекс running index
пробел gap; omission; lacuna; blank; flaw, deficiency
восполнить ~ make up for a deficiency, fill a want, fill a need
проблема problem, question
~ агрегации aggregation problem
~ трансформации transformation problem
~ переноса transport problem
~ сравнения двух средних two-means problem
проблематика problems
проблематический problematical
проблематичный *см.* проблематический

пробн//ый test, experimental, trial; tentative; sample, sampling
~ шар trial balloon
~ ая точка sampling point
~ ая серия test run
пробовать try; test; attempt;
проверить check, verify; test; examine; audit
проверк//а testing, test; check, checking, control; verification; examination; inspection
~ в контрольных точках benchmark test
~ гипотез test of hypotheses
~ достоверности validation
~ на непротиворечивость consistency check
~ на четность parity check
~ предположения, что ... test of whether ..., test of the assumption that ..., ascertaining whether ...
~ признака flag test
~ согласия testing the goodness of fit
~ с помощью контрольных разрядов redundant check
выборочная ~ selective check
решение ~ ой solution by inspection
проверочный control, checking, verifying
проверяемость verifiability
проверять *см.* проверить
прогноз forecast, prognosis

~ с помощью скользящих средних moving-average forecast

предварительный ~ tentative forecast

прогнозирование forecasting

прогнозировать forecast

прогностический prognostic

программ//а program; schedule; course; programme, routine, code

~ восстановления информации rerun routine

~ затягивания поясов austerity programme, belt-tightening programme

~ экономической реформы economic reform program

блок-схема ~ы flow diagram

опытная ~ pilot program

программирование programming

~ в диалоговом режиме interactive programming

автоматическое ~ self-programming, computerated programming

выпуклое ~ convex programming

динамическое ~ dynamic programming

линейное ~ linear programming

квадратическое ~ quadratic programming

математическое ~ mathematical programming

системное ~ system programming

целочисленное ~ integer programming

программировать programme

программист programmer, computer programmer

программн//ый program

~ое обеспечение software, programming support system

~ое управление program control

~о-целевой program-objective

прогресс progress

технический ~ technological progress, technical advance

прогрессия progression

арифметическая ~ arithmetic progression

геометрическая ~ geometric progression

продажа sale, selling

продвижение progress, advance, advancement

продифференцирова//ть differentiate

~в having differentiated, after differentiating

продолжать continue, go on; extend, prolong; produce; proceed (with); keep on

продолжить см. продолжать

продолжительность duration; period

продольный longitudinal, lengthwise

~ изгиб longtitudinal salient

продукт product, good, produce; result
   побочный ~ by-product

продуктивность productivity; fertility

продуктивн//ый productive, product
   ~ ая матрица productive matrix
   ~ ое множество productive set

продукция output, production, produce

проект project, design, scheme, plan; draft

проектирование projection, design, projecting, planning
   ~ логики logical design

проектировать project, plan

проектор projector, projection operator

проекция projection, view
   вертикальная ~ vertical projection, front view
   горизонтальная ~ horizontal projection, plane view, side view

прозрачный transparent

проигрыш loss, failure

произведение product; composition; bundle
   ~ матриц matrix product
   ~ пространств product space
   внутреннее ~ inner product, scalar product
   координатное ~ coordinate bundle
   косое ~ fiber bundle
   полное ~ final product

произвести produce; construct; make; create; derive; carry out

производимый producible

производитель producer; generator

производительность efficiency, productivity; capacity; output; performance
   ~ труда labour productivity

производительны//й efficient, productive
   ~ е силы productive forces, forces of production

производить *см.* произвести

производная derivative
   ~ дроби derivative of a quatient
   ~ по ... derivative with respect to ...
   ~ по направлению directional derivative
   ~ слева derivative on the left, left-hand derivative
   ~ справа derivative on the right, right-hand derivative
   косая ~ directional derivative, oblique derivative
   частная ~ partial derivative

производн//ый derivative; derived
   ~ показатель derived measure
   ~ спрос derived demand
   ~ ое множество derivative set
   ~ ое число derived number

производственн//ый industrial; manufacturing; productive, production

~ луч activity ray

~ способ mode of production; activity

~ ая функция production function

~ ая функция Кобба—Дугласа Cobb—Douglas production function

~ ое потребление production consumption

~ о-транспортная задача production-transpotation problem

~ ые возможности production possibilities

~ ые отношения relations of production

~ ые фонды productive assets

анализ ~ ой деятельности activity analysis

производств//о production, manufacture; output

простое ~ simple production

расширенное ~ extended production

суженное ~ diminishing production

уровень ~ а output level

производящ//ий productive; generating; reproducing

~ ая функция generating function

~ ая функция моментов moment generating function

произвол arbitrariness, arbitrary rule

произвольно arbitrarily

~ взятая функция arbitrarily function

произвольн//ый arbitrary; unrestricted

аксиома ~ ого выбора axiom of choice

проиллюстрировать illustrate

проинтегрировать integrate

~ по ... integrate over ...

проистекать result; ensue; originate

происхождение origin; descent, extraction

пройти pass; go (through, by), take on; assume

~ через значение pass through a value, assume the value

прокалывать pierce, puncture; perforate, punch

прокол puncture; pin-hole

проколоть см. прокалывать

прологарифмирова//ть take the logarithm

~ в having taken the logarithm, after taking the logarithm

промежут//ок interval, space, span; gap; distance; lapse

~ времени time interval, lapse of time, period of time, stretch of time

на ~ ке in the interval

промежуточнозначный intermediate-value

промежуточн//ый intermediate, interstitial, intervening; mean

~ **продукт** intermediate product

~ **ая теорема** inter-mean-value theorem

промер (*измерение чего-л.*) measurement; sounding; survey

промер (*ошибка при измерении*) error in measurement

промиль promille, thousandth

промышленность industry

промышленный industrial, business

~ **инкубатор** business incubator

проникать penetrate (into, through); go (through), pass (through)

проникнуть *см.* проникать

пронормировать normalize

пронумеровать number

пронумерованный enumerated; indexed

прообраз prototype; original; preimage, inverse image

проортогонализировать orthogonalize

пропорционально proportionally, in proportion to

прямо ~ directly proportional to

обратно ~ inversely proportional to

пропорциональность пропорtionality, proportion

пропорциональн//ый proportional

прямо ~ directly proportional

обратно ~ inversely proportional

среднее ~ **ое** mean proportional

пропорция proportion, ratio

пропуск skip; blank, gap; omission; lapse; pass; password

теорема о ~ **ах** gap theorem

пропускн//ой absorbent; permeable; conducting

~ **ая способность** capacity

~ **ая способность канала** channel capacity

прорыв breakthrough

проследить trace, track; observe; retrace, trace back

прослеживание tracing

прослеживать *см.* проследить

простейш//ий simplest; elementary

~ **ая дробь** partial fraction

просто simply, simple

прост//ой (*прил.*) simple; prime, primary; easy; tame; common, ordinary, plain; mere; vulgar

~ **базис** proper base

~ **двоичный** pare binary

~ **конец** prime end

~ **случайный выбор** simple sampling

~ **ая дробь** ordinary [common, vulgar, simple] fraction

~ **ая кривая** tame [simple] curve

~ **ое число** prime number

взаимно ~ relatively prime, mutually distinct, mutually disjoint
простор spaciousness; space; scope
простота simplicity; primality
пространственн//ый space, spatial
~ анализ spatial analysis
~ ая кривая space curve, twisted curve
~ ое управление spatial management
пространство space
~ близости proximity space
~ выборок sample space
~ действий action space
~ производственных возможностей production-possibility space
~ равномерной сходимости uniconvergence space
~ с мерой measure space
~ состояний state space
~ стратегий strategy space, policy space
~ траекторий trajectory space, orbit space
дополнительное ортогональное ~ orthogonal complement
пустое ~ void, void space
просуммировать sum
просчет (*действие по глаг. "просчитывать"*) checking
просчет (*ошибка*) error; miscalculation
протабулированный tabulated
протабулировать tabulate

противно//е (*сущ.*) the contrary, the opposite
если не оговорено ~ unless otherwise stated
доказательство от ~ го proof by contradiction
противн//ый opposite; contrary, opposed
в ~ ом случае otherwise
противодействие opposition; counteraction
противолежащий opposite, lying opposite
~ угол alternate angle
противоположение antithesis, contraposition
противоположность contrast, opposition; inverse; negative; opposite, antipode; antithesis
противоположны//й opposite; inverse; negative; contrary, opposed; antipodal
~ е события complementary events
диаметрально ~ diametrically opposite, antipodal
противопоставление contraposition
противопоставлять oppose; contrast; set off
противоречащий contradicting, contradictory
~ пример counterexample
противоречиво in contradiction, contradictorily; inconsistently
противоречивость inconsistency; variance; contradictoriness

внешняя ~ external inconsistency
внутренняя ~ internal inconsistency
противоречие contradiction; inconsistency; opposition; conflict
протяжение extent, stretch; duration, extension; expansion
протяженность expansion; extension; content; extent, length; magnitude; spread
профиль profile; section; sideview; type
профильтровать filter
проходить *см.* пройти
процедура (*порядок действия*) procedure; process
процедура (*метод*) method, treatment
процент percent, percentage; rate; interest
   простые ~ы simple interest
   сложные ~ы compound interest
процентиль centile, percentile, percentile rank
процентн//ый percentage
   ~ ое отношение percentage
процесс process
   ~ без последствий process without after-effect, non-hereditary process
   ~ восстановления renewal process
   ~ с последствиями process with after-effect, hereditary process
   ~ управления administrative process
   абсолютно случайный ~ absolutely random process
   вероятностный ~ stochastic process, probability process
   ветвящийся ~ multiplicative process, branching process
   внеконтрольный ~ process out of control
   возмущенный гармонический ~ disturbed harmonic process
   двумерный ~ bivariate process
   детерминированный ~ deterministic process
   дискретный ~ discrete process
   необратимый ~ irreversible process
   необрывающийся ~ non-cut off process
   обратимый ~ reversible process
   однородный ~ homogeneous process
   переходный ~ transient process
   скачкообразный ~ jump-type process
   случайный ~ random process
   стационарный ~ stable process, stationary process
   стохастический ~ stochastic process
процессор processor, processing unit

системный ~ system processing unit
текстовой ~ word processor
центральный ~ central processing unit

прочност//ь strenth; durability; solidity, firmness; stability
запас ~ и safety factor, safety margin

прочный stable; durable; solid, firm; resistant; strong

прямая (*сущ.*) straight line
~ регрессии regression line

прямо straight; directly; outright, upright; exactly; frankly, openly
~ к делу to the point
~ пропорциональный directly proportional

пря́м//ой straight; direct; right; upright, erect; straightforward
~ код true representation
~ конус right cone
~ угол right angle
~ ая задача primal problem
~ ая линия straight line
~ ая сумма direct sum
~ ая теорема direct theorem
~ ое произведение direct product, inner product
~ ое соответствие direct correspondence
~ ые затраты direct inputs

прямолинейност//ь linearity, rectilinearity
мера ~ и degree of linearity

прямолинейный rectilinear, linear; plane

прямоугольник rectangle, oblong

прямоугольн//ый rectangular, right angled
~ треугольник right triangle
~ ая система координат Cartesian coordinate system

псевдо- pseudo-, quasi-, semi-, mock-, false

псевдоаналитический pseudo-analytic, quasi-conformal

псевдобазис sub-basis, pseudo-basis

псевдовекторный pseudo-vector, axial vector

псевдослучайны//й pseudo-random
~ е числа pseudo-random numbers

псевдосходимость semiconvergence, pseudo-convergence

пул pool

пульт desk; keyboard; panel; console
~ управления control panel

пункт point; item; article
исходный ~ starting point
конечный ~ terminal point
начальный ~ initial point

пунктир dotted line

пунктирн//ый dotted
~ ая линия dotted line
~ ая кривая broken curve

пустой empty, vacuous; idle

пустотелый hollow

путаница confusion

путь curve; path; way; course; route

пучок bundle; pencil; cluster; beam

тензорный ~ tesor bundle

пыль dust powder

пяти- penta-, five-

пятигранник pentahedron

пятигранный pentahedral, five-sided

пятиконечный five-pointed

пятилетка five year plan

пятиричный quinary

  ~ разряд quinary digit

пятиугольник pentagon

пятиугольный pentagonal, five-cornered

пятно spot, blemish, patch, blot

Р

работа job, work; operation; activity; performance

  ~ в диалоговом режиме conversational operation

  ~ в предельном режиме marginal operation

  ~ в режиме реального времени real-time operation

работать work; run; operate; be open

работник worker

работодатель employer

работоспособность efficiency, capacity for work

рабочий (сущ.) worker, workmen, working man; labourer

рабоч//ий (прил.) working, worker's; labour

  ~ ая сила labour power, labour force, working force

  ~ ее время labour time

  ~ ее запоминающее устройство working storage, working store

  ~ ие характеристики working characteristics, performance

общественно необходимое ~ ее время socially neccessary labour time

равенств//о equality; equation; identity

  ~ множеств equality of sets, equivalence of sets

знак ~ а equality sign, equals sign

равно- equi-, uniformly

равно́ equal (to)

ра́вно uniformly; alike

равнобедренный isosceles

равновеликий isometric; equivalent; equal; of equal magnitude

равновероятность equiprobability

равновероятный equiprobable

равновесие equilibrium, balance, equipoise

  ~ по Нэшу Nash equilibrium

  ~ потребителя consumer's equilibrium

конкурентное ~ competitive equilibrium

неустойчивое ~ unstable equilibrium

общее ~ general equilibrium

устойчивое ~ stable equilibrium

частичное ~ partial equilibrium

равновесный in equilibrium, equilibrium, balanced

~ сбалансированный рост steady-state growth

равновозможность equal likelihood

равнодействующая (*сущ.*) resultant force

равнодействующий equal in effect, of equal effect, of same effect; resultant

равнозначный equivalent

равнокоррелированный equally correlated, uniformly correlated

равномерно uniformly, evenly

~ распределенный uniformly distributed

равномерн//ый uniform

~ ое распределение uniform distribution

равномощный equivalent, of equal strength

равноостаточный congruent

равноотстоящий equidistant, equally spaced

равносильный equivalent; equal, equipotent, tantamount

равностепенн//ый equipotential, of the same degree; uniform

~ ая непрерывность equicontinuity

равносторонний equilateral

равноточный of equal accuracy, uniformly precise

равноугольный equiangular

равноудаленный equidistant

равноупорядоченный equally ordered

равноускоренный uniformly accelerated

равнохарактеристический equicharacteristic

равноценный equal, of equal value

равн//ый equal

~ ая вероятность equal probability

~ ые шансы equal odds

кривая ~ ых вероятностей equiprobability curve

при прочих ~ ых условиях other things being equal, ceteris paribus, given that other things remain the same, with all other things being equal

радикал radical, root

радиус radius

раз (*сущ.*) time, one

раз (*нареч.*) once

раз (*союз*) since

разагрегирование disaggregation

разбивать divide, partition, break up, break down; lay out; decompose; split; break, crash, smash

разбивка break-up, division

разбиение dissection, partition, subdivision, decomposition, separation, fragmentation

~ на области regionalization

~ на подгруппы subgrouping

клеточное ~ complex, triangulation

разбирать (*на части*) strip, disassemble, dismantle, take to pieces

разбирать (*анализировать*) analyse, examine

разбирать (*сортировать*) sort out

разблокирование unlocking; deblocking; enable

разбор (*анализ, критика*) analysis; investigation; trial; critique

без ~ a indiscriminately

разброс spread, dispersion, scatter

~ среднего значения dispersion of average(s), spread of average(s)

~ цен price spread

развернут//ый (*развитый; распространенный; раскрытый*) expanded; developed; explicit; extensive

~ угол straight angle

~ ая форма expanded form, explicit form

развернутый (*подробный*) detailed

развертывание (*раскладывание на плоскости; освобождение от обертки*) unrolling, unwinding; unfolding; unwrapping

развертывание (*развитие, распространение*) development; expansion

развертывать (*раскладывать на плоскости; освобождать от обертки*) unroll, unwing; unfold; unwrap

развертывать (*развивать, распространять*) develop; extend; expand

разветвлени//е branching, ramification; fork, forking

точка ~ я branch point

разветвленный ramified, branching; forking

разветвляться branch, ramify; fork

развивать develop

развитие development; progress

разворот turn

разгадка solution, clue, guessing, unravelling

разграничение differentiation, discrimination; delimitation, demarcation

разграниченный delineated, bounded

разграничить differentiate, discriminate; delimit, demarcate

разграфить rule

разграфленный drawn, ruled

раздел section; division; partition; allotment; part; issue

разделение division; separation; distribution

~ времени time sharing

~ труда division of labour, specialization of labour

общественное ~ труда social division of labour

разделитель divisor; separator; limiter

разделить divide; separate, part; share

разделять *см.* разделить

разделяющий separating; separable

раздробленный split; splintered

различать distinguish

различение discrimination; distinguishing

различие discrepancy; distinction; difference

различный separate; distinct; different

разложени//е expansion; partition; break-down; decomposition; factorisation; analysis
 ~ в ряд expansion in series
 ~ в ряд Фурье Fourier series expansion
 ~ единицы resolution of unity
 ~ на множители factorization
 гармоническое ~ harmonic analysis
 поле ~ я splitting field
 спектральное ~ spectral decomposition, resolution

разложимый decomposable; factorable

разлом (*действие*) breaking, break-up

разлом (*место*) breaking, break-up

размах range, scope, sweep, scale; span; extent; amplitude
 ~ вариации extent of dispersion
 ~ колебания amplitude of oscillation
 ~ Стьюдента Studentized range
 средний ~ mean range

размен exchange

разменн//ый exchangeable
 ~ ая монета token coin

размер size; measure; dimension; amount; scale
 в ~ е at the rate

размерность dimension, dimensionality; degree

разметка formatting

разметить label, mark, graduate

размечать *см.* разметить

размещать allocate; distribute; invest; place, put

размещени//е allocation; distribution; permutation; occupancy; arrangement; investment
 ~ вариантов treatment arrangements
 оптимальное ~ выборки optimum allocation of a sample
 пространственное ~ spatial allocation
 проблема ~ я occupancy problem

размыт//ый diffusion
 ~ ое множество fuzzy set

размышление reflection, speculation

разнести (*внести в книгу и т.п.*) enter

разнести (*расписать по статьям*) tally

разнести (*распространить, доставить*) spread; deliver; carry, convey

разница difference; distinction

разновидность heterogeneity; variety; kind; species

разное (*сущ.*) miscellany, miscellanea

разнообразие variety
   необходимое ~ requisite variety

разнообразный diverse; various

разнораспределенный differently distributed, variuously distributed

разнородность heterogeneity

разнородный heterogeneous, miscellaneous

разносить *см.* разнести

разности//ый difference
   ~ аналог difference analogue
   ~ ая аппроксимация difference approximation
   ~ о-дифференциальное уравнение difference-differential equation
   ~ ое исчисление calculus of finite differences
   ~ ое уравнение difference equation

разносторонний scalene; many-sided, versatile

разност//ь difference; remainder
   ~ первого порядка first order difference
   первая ~ first difference
   сбалансированные ~ и balanced differences
   средняя ~ mean difference

разноэксцессный allokurtic

разобрать *см.* разбирать

разовы//й non-recurrent, single
   ~ опрос non-recurrent inquiry
   ~ е расходы non-recurrent expenditures

разомкнутый open; clear

разорение ruin; distruction
   ~ игрока gambler's ruin

разрабатывать develop; elaborate; work out, work up

разработать *см.* разрабатывать

разработка elaboration; working out, working up
   ~ данных data processing

разрез cut; level; section; slit; cross-cut

разрешать (*находить ответ*) solve, resolve;

разрешать (*позволять*) permit, allow

разрешающ//ий (*дающий ответ; относящийся к решению*) solving, resolving, resolvent; solution; decision
   ~ ее правило decision procedure

~ **ие множители** decisive multipliers

разрешающий (*позволяющий*) allowing

разрешение (*нахождение ответа*) resolution; solution
~ **конфликтов** conflict resolution

разрешение (*позволение*; *доверие*) permission; enable; credit

разрешимост//ь solvability, decidability
проблема ~ **и** decision problem, decidability problem

разрешитель resolvent

разрешить *см.* разрешать

разрозненно separately

разрозненный disconnected; separated; separate

разрушение destruction, demolition

разрыв break, gap; discontinuity; brust
~ **между фактическим и потенциальным выпуском** output gap

разрывность discontinuity

разрывный discontinuous; disconnected
вполне ~ totally disconnected
всюду ~ *см.* вполне ~

разряд bit; order; discharge; class interval; place of a decimal; fraction; rank, category; digit; sort; position
~ **десятков** tens order, tens digit
~ **единиц** ones digit
~ **переполнения** extra order
~ **числа** digit position
апериодический ~ overdamping
вставка ~ a bit gain
выпадение ~ a bit loss
двоичный ~ binary digit, bit
десятичный ~ decimal, decimal digit, decimal location
значащий ~ significant digit
контрольный ~ check bit
младший ~ low order
проверка с помощью контрольных ~ **ов** redundant check
старший ~ high order, top digit
сумматор высшего ~ **а** left-hand adder
сумматор низшего ~ **а** right-hand adder
цифра второго ~ **а** a second order digit

разукрупнение disaggregation

разумный rational

разъединение separation; disconnection, breaking; dissociation

разъяснение explanation, elucidation; interpretation

район region; area; district

районированн//ый stratified; divided into districts
~ **ая выборка** stratified selection, stratified sample

рама frame

рамк//а *см.* рама
~ **и** scope; limits

выходить за ~ и exceed the limits (of)

ранг rank, class; trace; spur; range

~ матрицы matrix rank, rank of matrix

рангов//ый ranked, rank; order

~ ая корреляция serial correlation

рандомизация randomization

ранее previously; earlier; before, until

ранжирование ranking

~ экономических величин ranking of economic values

~ целей ranking of goals, ranking of aims

ранжированный ranked; ranged; ordered

~ ряд ordered series

ранжировка ranking

раскачиваться oscillate; swing

раскачка amplitude (of swing)

раскладка apportionment

раскладывать (*класть, стелить*) lay out; spread

раскладывать (*распределять*) distribute, apportion

раскладывать (*делить на части*) decompose

расклассифицировать classify

раскодирование decoding; decipherability

раскрывать (*выявлять, обнаруживать*) open; develop; discover; expose; disclose, reveal

раскрывать (*обнажать*) uncover; open

раскрыть *см.* раскрывать

распад disintegration, break-up; decomposition; collapse; decay, dissociation

распадаться fall (into); decompose; split; disintegrate, break up, break down

распасться *см.* распадаться

распечатка (*действие по глаг. "распечатывать"*) listing; dump; print

распечатка (*результат выдачи с принтера*) printout

расписани//е schedule; timetable

теория ~ й scheduling theory

расплывчато vaguely

распознавать recognize, discern

распознавание discernment, recognition; identification

~ образов pattern recognition

распознать *см.* распознавать

располагать (*размещать*) arrange, dispose, place, put

располагать (*иметь в распоряжении*) dispose

расположени//е (*размещение*) spacing; position; situation, location; layout, arrangement, disposition; ordering; sequence; distribution

систематическое ~ systematic arrangement

средняя по ~ ю positional average

расположение *(склонность)* inclination (to), disposition (to); bias (towards)

расположить *см.* располагать

распорядок order; routine

распоряжение *(приказ; постановление; указ)* order; instruction, direction; arrangement; decree

распоряжение *(доступность; возможность для применения)* disposal

имеющийся в ~ и available

распределение distribution; assignment; scheduling; allocation, population; partitioning

~, близкое к нормальному near-normal distribution

~ вероятностей probability distribution

~ генеральной совокупности parent distribution

~ дохода между главными факторами производства functional distribution of income, distribution of income among major factors of production

~ крайних членов extreme value distribution

~ по возрасту age distribution

~ по полу break-down by sex

~ последствия contagious distribution

~ ресурсов allocation of resources, resources allocation

~ Рэлея Rayleigh distribution

~ Симпсона Simpson distribution

~ Стьюдента Student distribution

~ Уишарта Wishart distribution

~ Фишера Fisher distribution

~ частоты frequency distribution

апостериорное ~ a posteriori distribution

априорное ~ a priori distribution

асимптотически нормальное ~ asymptotically normal distribution

биноминальное ~ binomial distribution

входное ~ hitting distribution, input distribution

выборочное ~ sampling distribution

выходное ~ output distribution

гамма- ~ gamma distribution

геометрическое ~ geometric distribution

гипотетическое ~ hypothetical distribution

график плотности ~ я curve of a frequency, graph of a frequency

двумерное ~ bivariate distribution

двухвершинное ~ bimodal distribution

закон ~я distribution law
исходное ~ initial distribution
кумулятивное ~ cummulative distribution
кривая ~я percentile curve, distribution curve
логарифмическое ~ logarithmic distribution
многомерное ~ multivariate distribution
невырожденное ~ non-single distribution, non-degenerated distribution
не полностью определенное ~ censored distribution
неправильное ~ ресурсов misallocation of resources
непрерывное ~ continuous distribution
несобственное ~ singular distribution
нормальное ~ normal distribution
одновершинное ~ unimodal distribution
оптимальное ~ optimum allocation
отклонение от нормального ~я deviation from the normal distribution, disnormality
плосковершинное ~ platykurtic distribution
плотность ~я density function, frequency distribution, density of distribution
показательное ~ exponential distribution
предельное нормальное ~ limiting normal distribution
прерывное ~ discontinuous distribution
равномерное ~ uniform distribution, uniform allocation
разделенное ~ split distribution
решетчатое ~ lattice distribution
свернутое нормальное ~ folded normal distribution
сложное ~ compound distribution
случайное ~ random distribution
составное ~ *см.* сложное ~
U-образное ~ U-shaped distribution
урезанное ~ truncated distribution
усеченное ~ *см.* урезанное ~
функция ~я distribution function
хвост ~я tail area, remainder of distribution
хи-квадрат ~ chi-square distribution
централизованное ~ centralized supply allocation
частное ~ marginal distribution
эталонное ~ standard distribution

распределенны//й distributed, alloted; assessed
~ лаг distributed lag

случайные нормально ~ е величины normally distributed random variables

распределительный distributive

распределить distribute, allot; assess

распределять *см.* распределить

распространение spreading, diffusion; propagation; extension

распространить spread, diffuse; extend; propagate

распространять *см.* распространить

рассеивание scattering, dispersion

рассеивать disperse

рассинхронизация mistiming

расслаивать stratify; differentiate

расслоение stratification; fibering, fibre

расслоить *см.* расслаивать

рассматривать examine, consider; regard

рассмотрение examination, consideration

рассмотреть *см.* рассматривать

рассогласование mismatch

расстановк//а filling; spacing; arrangement; order
  задача ~ и filling problem

расстояние distance; space; separation; spread
  ~ до вершины объекта object distance

расточительность waste

расточать squander, waste

растрата embezzlement

расстройство disorder, disarray, discomposure; disruption; disarrangement, frustration

рассуждать reason; argue; discuss

рассуждение reasoning; argument; discourse; dissertation
  ~ на основе здравого смысла commonsense reasoning
  ~ по аналогии reasoning by analogy
  нестрогое ~ inexact reasoning

рассчитать (*подсчитать*) calculate, reckon, count (on)

рассчитывать *см.* рассчитать *в знач.* "подсчитать"

рассчитывать (*ожидать*) expect

рассчитывать (*полагаться*) depend on

расти grow; increase; advance

растяжение tension; expansion; extension; dilatation; range
  ~ во времени time dilatation

растяжимый extendable

расход cost; expenditure, expense; outlay
  ~ ы на единицу изделия unit cost
  ~ ы на НИОКР expenditures for reseach and development, expenditures for R&D

административные ~ы overhead costs

плановые ~ы planned expenditure, desired expenditure

расходимость divergence

расходиться differ; diverge, branch off; disperse; go away

расходящи//йся nonconvergent; divergent

~еся прямые hyperparallels

расхождение discrepancy, divergence; deviation; disagreement; separation; spread

расчесть *см.* рассчитать

расчет computation, calculation; estimate

расчетливо economically, sparingly

расчетливый economical; calculating, prudent

расчетный rated, calculated, designed; computing, calculating

расчленение partitioning, dissection; breakdown

расчлененный partitioned, dissectioned, brokendown

~ во времени time-phased

расчленить partition, breakup, analyze, dismember

расчленять *см.* расчленить

расширение extension; expansion; prolongation; completion; delatation; enhancement

~ набора данных data set extension

~ памяти memory expansion

расширенн//ый extended; widened; augmented

~ая матрица augmented matrix

~ое воспроизводство extended reproduction

расширить widen, broaden; extend; enlarge, expand

расширять *см.* расширить

рацион ration

рационализация rationalization

рациональны//й rational, ratio

~е ожидания rational expectations

реагировать react; respond

реакция reaction, response, responsiveness

реализация (*действие по глаг. "реализовать"*) realization; implementation;

реализация (*воплощение*) implementation; model

реализация (*продажа*) sale

реалистичный realistic

реальн//ый real; actual; practical; workable

~ доход real income

~ая заработная плата real wage

~ые затраты actual expenditures, realized expenditures, ex post expenditures

ребро edge; rib; verge

~ графа graph verge

~м edgewise

ревалоризация revalorization

ревальвация revaluation

регенерация regeneration
регион region
региональный region, regional
~ **анализ** region analysis
регистр register
~ **команды** operating-address register
емкость ~ a register length
статический ~ staticizer
регистрация registration; recording; logging
регламентация regulation
регрессивный regressive, regression
регрессионн//ый regressive, regression
~ **анализ** regression analysis
~ **ая модель** regression model
~ **ое уравнение** regression equation
регрессировать regress, retrogress
регресси//я regression
~ **с запаздыванием аргумента** lag regression
коэффициент ~ **и** coefficient of regression
кривая ~ **и** regression curve
криволинейная ~ curvilinear regression
линейная ~ linear regression
множественная ~ multiple regression
нелинейная ~ *см.* **криволинейная** ~
оценка ~ **и** regression estimate

параболическая ~ parabolic regression
плоскость ~ **и** regression plane, regression surface
поверхность ~ **и** *см.* **плоскость** ~ **и**
прямая ~ direct regression
регулирование adjustment, regulation; control
~ **без обратной связи** open-loop control
~ **по анализу выходных данных** end-point control
автоматическое ~ automatic control
программное ~ programmed control
регулировать govern; regulate; adjust; control
регулировка regulation; control
регулируем//ый managed, controlled
~ **ая валюта** managed currency, managed money
~ **ая экономика** controlled economy
регуляризация regularization, regularity
регулярность regularity
регулярный regular
редактор editor
редкий rare, scarce; infrequent; sparse
редукция reduction
~ **труда** reduction of labour
редуцированный reduced
редуцировать reduce
режим regime; policy; behavior; condition; mode

~ реального времени real-time mode

~ с резервированием standby mode

диалоговый ~ conversational mode

итерактивный ~ iterative mode

рабочий ~ operating mode

резать cut; slice

резерв surplus; reserve; standby; backup; redundancy

~ времени time slack

резервирование backup; redundancy

резкий sharp, harsh; cutting; abrupt

резко sharply; abruptly; distinctly

~ выделяющееся отклонение outlying deviation

~ отрицательный distinctly negative

резолюция resolution

резонанс resonance

результат result, outcome, output; benifit, gain

результативный resulting, resultant

результирующий resulting

резюме summary, resumé, abstract

резюмировать summarize, sum up, abstract

реклам//а advertisement, advertising

задача о ~ е advertising problem

рекомбинация recombination

рекомбинировать recombine

рекуррентн//ый recurrent, recursion, recurrence

~ ое событие recurrent event

~ ое соотношение recurrent relation

~ ые формулы recursion formulae

рекурсивно recursively

рекурсивн//ый recursive, recursion

~ ая модель recursive model

~ ая связь recursive coupling

~ ое определение definition by recursion

частично ~ partial recursive

рекурсия recursion, recurrence

релаксаци//я relaxation

множитель ~ и relaxation factor

реле relay

~ времени timer

релейный relay

рельеф relief; contour

~ функции modular surface

релятивизм relativism, relativity

рента rent, annuity

рентабельность profitability, earning, capacity

репрезентативность representative nature, representativity

~ информации representativity of information

репрезентативный representative

ресурс resource

дефицитный ~ scarce resource
многократно используемый ~ reusable resource
ресурсн//ый resource
~ о-целевая матрица resource-targets matrix
ретрополяция backcast
ретроспективный retrospective
реферат abstract; review; paper
рефлексивность reflexivity
рефлективный reflective
рефляция reflation
реформа reform
   денежная ~ monetary reform
   экономическая ~ economic reform
решать solve; decide, determine, resolve; settle; work out
решающий (*относящийся к решению*) decision, decisive; resolving
решающий (*определяющий, главный*) determinant; crutial; key
решение solution, answer; decision, determination; solving; conclusion; verdict
   ~ в аналитическом виде closed-form solution
   ~ игры solution of a game
   ~ методом последовательных приближений solution by method of successive approximations, trial-and-error solution, cut-and-trial solution
   ~ подбором trial-and-error solution, solution by inspection
   ~ по текущим вопросам executive decision
   базисное ~ basic solution
   двойственное ~ dual solution
   допустимое ~ feasible solution
   компромиссное ~ trade-off decision
   линейно независимое ~ linearly independent solution
   ненулевое ~ non-trivial solution
   неоднозначное ~ ambiguous solution
   нулевое ~ zero solution, trivial solution
   общее ~ general solution
   окончательное ~ terminal decision
   приближенное ~ approximate solution
   принимать ~ dicide
   принятие ~ я decision making
   техническое ~ engineering solution
   стратегическое ~ policy decision
   частное ~ particular solution, partial solution
решетка lattice, gridwork
   ~ монеты tial
   целочисленная ~ square lattice
решить *см.* решать

риск risk; hazard; peril
  допускаемый ~ tolerated risk
  функция ~ a risk function
рисковый venture
  ~ капитал venture capital
рисовать design; draw; picture
рисунок figure; picture; drawing; design
ритм rythm
робот robot
ровно equally; sharp, exactly; regularly, evenly; precisely
ровный even, smooth, flat, level, equable
род sort, kind, type; family; genus
  ошибка первого ~ a error of the first kind [type]
  ошибка второго ~ a error of the second kind [type]
родственн//ый related; contiguous
  ~ая функция contiguous function
розничн//ый retail, purchasing
  ~ая цена retail price, purchasing cost
ромб rhombus
ромбовидный diamond-shaped
рост increase, rise, development; growth; hight
  задержанный ~ stunted growth
  замедленный ~ damped growth
  кривая ~ a growth curve
  оптимальный ~ optimal growth
  равновесный ~ equilibrium growth
  сбалансированный ~ balanced growth
  темп ~ а модели factor of a model
  устойчивый ~ sustainable growth, steady growth, stable growth
  экономический ~ economic growth
  эффективный ~ efficient growth
ротация rotation
рохрематика rhochrematics
рубеж boundary, border, frontier
  ~ эффективности efficiency frontier
рудиментарный rudimentary
рутина routine
ручка arm, hand
  ~ управления joystick
ручной manual; hand
рын//ок market
  ~ капитала capital market
  ~ потребительских товаров consumer's market
  ~ продавца seller's market
  ~ рабочей силы labour market
  ~ с сильной конкуренцией competitive market
  ~ труда labour market, job market
  ~ факторов производства factor market

~ ценных бумаг capital market, securities market
~ ки сбыта market outlets
валютный ~ exchange market
внешний ~ foreign market, outside market
внутренний ~ domestic market, home market
мировой ~ international market, outside market
несовершенный ~ imperfect market
серый ~ grey market
совершенный ~ perfect market
товарные ~ ки product markets
товарный ~ commodity market
черный ~ black market
рыночн//ый market
~ ая стоимость market value
анализ ~ ых цен во времени market trend analysis
страны с ~ ой экономикой market economies
рычаг lever, arm, key factor
экономические ~ и economic leverage, economic levers
ряд series, a number; sequence; row; line; family
~ данных sequence of data
~ накопленных частот cumulative series
~ рангов ranking
~ распределения численностей frequency series
~ Фурье Fourier series
~ ы клавиш key sets
биномиальный ~ binomial series
вариационный ~ ordered sample, ordered series, ordered statistics
временной ~ time series
динамический ~ *см.* временной ~
исторический ~ historical series
ранжированный ~ array
случайный ~ random series
степенной ~ power series
упорядоченный ~ array
рядовой ordinary, common

С

сальдо balance
~ внешней торговли balance of trade
~ торгового баланса visible trade balance, balance of visible trade
само- self-
самодвойственный self-dual
самоиндукция self-induction
самоконтроль self-testing
самонаведение homing guidence
самонаводящийся homing
самонастраивающийся self-adjusting, self-orienting, self-aming
самообеспеченность autarchy, self-sufficiency

самообеспечивающ//ийся self-sufficient
~ ееся хозяйство self-sufficient economy

самообучение self-learning

самоорганизующ//ийся self-organizing
~ аяся система self-organizing system

самоочевидный self-evident, axiomatic

самопересечение self-intersection, self-crossing

самоподдерживающийся self-sustaining

самопрограммирующий self-programming

самопроизвольность spontaneity

самопроизвольный spontaneous

самораспространяющийся self-spreading, self-propagating

саморегулирование self-adjustment, self-regulation

саморегулирующийся self-adjusting, self-regulating

самосогласованный self-consistent, self-coordinated, self-congruent

самосопряженность self-conjugacy, self-adjointness

самосопряженный self-adjoint, self-conjugate, self-adjoined

самостоятельный independent, original

самоуправление self-government

самоуравновешенный self-balanced

самоцель end-in-itself

санкция sanction

сантиметр centimeter; tape measure

сбалансированность balance

сбалансированный balanced

сбережения savings

сбой hazard; reduction; malfunction

сбор (*действие по глаг. "собирать"*) gathering, collection
~ данных data gathering [collection], data acquisition

сбор (*встреча, собрание*) assembly

сбор (*налог, обложение*) tax, duty

сборный combined; assembly; miscellaneous

сброс fault; break; removal; clearing; reset

сбыт sale, marketing

сведение information, intelligence, knowledge

сведе́ние reduction, contraction
~ к абсурду reduction ad absurdum

сведенный brought, reduced
~ до нуля nullified

сверка verification; collation
~ перфокарт punch-card verification

свернутый (*сокращенный*) convolution, contracted

свернуть (*сложить, согнуть*) fold; roll up

свернуть (*сократить*) contract, curtail; reduce; cut down

свернуть (*повернуть*) turn

свертка (*складывание, сгибание*) fold, folding

свертк//а (*сокращение*) convolution

алгебра со ~ ой convolution algebra

преобразование ~ и convolution transformation

свертывание (*складывание, сгибание*) rolling up; folding

свертывание (*сокращение*) convolution curtailment; reduction, cutting down; contraction

свертывание (*поворот*) turning

свертывать *см.* свернуть

сверх (*предл.*) over; above; besides; beyond

сверх- super-, hyper-, ultra-

сверхприбыль abnormal profit, excess profit, supernormal profit

сверхсходимость overconvergence

сверху above, from above; on top

полунепрерывный ~ upper semicontinuous

сверхурочный over time

сверять compare (with); check; collate

свести reduce, bring (to); take (down); remove

свет (*в разн. знач.*) light

в ~ е in view of; in the light of

свет (*земля, мир*) world

свидетельство (*признак*) evidence, testimony; indication

свидетельство (*документ*) certificate

свидетельствовать testify (to); attest (to); indicate; be evidence (of)

свобода freedom, liberty

~ выбора freedom of choice

свободн//ый free; vacant; loose; spare

~ член absolute term

~ ая конкуренция free competition

~ ое время leasure time

~ ое место lattice vacancy

~ ое предпринимательство free enterprise

~ ые блага free goods

свод (*конструкция*) arch, vault

свод (*собрание документов, материалов и т.п.*) code

сводимость reducibility, reduction

сводимый reducible

сводить *см.* свести

~ к нулю reduce to zero, nullify, bring to naught, bring to nothing

сводка resumé, summary; compendium; communique

сводный summary; compound; combined; multiple

~ коэффициент корреляции multiple coefficient of correlation

своевременно in time, opportunely

своевременный timely, opportune; well-timed

своеобразие singularuty, peculiarity

своеобразность *см.* своеобразие

своеобразный original, distinctive; peculiar; singular

свойственный peculiar (to); characterized (by); incident (to)

свойство property; character; characteristic; virtue

связанность connectedness, connectivity, coherence

линейная ~ arcwise connectedness

нелинейная ~ non-linear connection

связанн//ый connected, linked; dependent; coupled; combined; implied; bound; localized; associated

~ вектор bound vector, localized vector, field vector

~ая область connected set, connected region

линейно ~ arcwise connected

тесно ~ с... closely associated with...

связать tie; bind; connect, interconnect

связка sheaf; bundle; bunch; connective

связный connected, coherent

линейно ~ arcwise connected

связующий connecting

связывать *см.* связать

связывающий *см.* связующий

связ//ь (*отношение*) relation, relationship, connection; link, linkage; liaison; tie, bond; association; constraint; binding

взаимная ~ coupling

в ~ и in connection (with)

в тесной ~ и closely connected (to)

обратная ~ feedback

причинная ~ causal relationship, causation

сила ~ и constraint force

слабая ~ loose coupling, weak coupling

ширина ~ и bond width

связь (*средство сообщения*) communication

сгиб bend; flexion

сгибание bending; inflection

сгладить smooth over; smooth out; level

сглаженный smoothed; leveled; modified

сглаживание smoothing; fitting

сглаживать *см.* сгладить

сгруппировать group (together), arrange into groups; classify

сдваивать double

сдвиг displacement; shift; translation; shear; progress; thrust
 ~ **влево** left-shift
 модуль ~ **a** shear modulus, thrust modulus
 напряжение ~ **a** shear

сдвигать shift; displace; move; push together

сдвинуть *см.* сдвигать

сдвоенный doubled, double; paired

сдвоить double

сделк//а deal, agreement, bargain, transaction
 задача о ~ **e** bargaining problem

сдельн//ый job, piece
 ~ **ая оплата труда** piece-rate system
 ~ **ая плата** contract price, piece wage

себестоимость (продукции) cost, cost price

сегмент segment, section, line segment

седло saddle, seat, saddle point

седлов//ой saddle
 ~ **ая точка** saddle point

седлообразный *см.* седловой

сезонный seasonal

секанс secant

сектор sector
 вторичный ~ **экономики** secondary sector of economy
 государственный ~ public sector
 нерыночный ~ non-market sector
 первичный ~ **экономики** primary sector of economy
 рыночный ~ market sector
 третичный ~ **экономики** tertiary sector of economy
 частный ~ private sector

секунда second

секущая secant, transversal

секция section

семейство set, family; class; collection; aggregate series; assemblage; system

семинар seminar

семиугольник heptagon

семья family, household

сенсорный sensory

сепарабельность separability
 ~ **функции** separability of function

сепарабельн//ый separable
 ~ **ое программирование** separable programming

сердцевина core; heart

середина middle, mean, midst
 золотая ~ the golden mean

сериальный series, serial

серийн//ый serial
 ~ **ая продукция** batch production, production bundle

серия series; run

сетево//й network
 ~ **график** network, activity network
 ~ **е планирование и управление** network system of planning and control

сет//ка net; network; grid; frame; mesh

вероятностная ~ probability paper

метод ~ок method of finite differences

сеть net; network; mesh; toils

сечение cross section, cut, section

   коническое ~ conic section

сжатие pressure, compression, pressing; compressibility; contraction

   ~ данных data compression

сжатый condensed, compressed; compact; contracted; oblate

сжать contract, shrink; squeeze; compress; clench

сжимать *см.* сжать

сзади (*нареч.*) behind; from behind, from the end; from rare

сзади (*предл.*) behind

сигнал signal

   ложный ~ false signal

сил//а force, strength; power; validity

   в ~у by virtue of, on the strength of, because of, owing to

   в ~у очевидности ipso facto

   глубинная ~ deeper-rooted force

   имеющий ~у valid

   утратить ~у become invalid

   момент ~ы torque, moment of force

   рыночные ~ы market forces

силлогизм syllogism

сильно strongly; greatly, heavily; extremely

сильнодействующий drastic; virulent

сильный strong; powerful; potent; impressive; intense; hard

символ symbol

   ~ Кронекера Kronecker delta

   ~ отношения relation character, relator

   ввести ~ insymbol

   вывести ~ outsymbol

   надстрочный ~ superscript

   подстрочный ~ subscript

   разделительный ~ separating mark, separating symbol

символизировать symbolize

символика symbolics, symbolism; notation

симметрический symmetric

симметричность symmetry

симметричный *см.* симметрический

симметрия symmetry

симплекс simplex

   ~-метод simplex method

симплексн//ый simplex

   ~ метод simplex method

   ~ая таблица simplex table

сингулярный singular

синергическ//ий synergy

   ~ая связь synergy

синоним synonym

синтаксис syntax

синтез synthesis; design

синус sine

синусный sine

синусоида sinusoid, sine curve, harmonic curve

синусоидальный sinusoidal, sine-shaped

синхронизация timing

синхронизировать synchronize

синхронный synchronous; coincidened

система system; class; set

~ **автоматического регулирования** automatic control system

~ **домашнего хозяйства** household system

~ **искусственного интеллекта** artificial intelligence system

~ **команд** instruction set, instruction code, order code

~ **контроля с обратной связью** feedback control system

~ **крупного землевладения** manorial system

~ **линейных уравнений** system of linear equations

~ **моделей** system of models

~ **научных принципов ведения финансовых счетов** accounting

~ **обозначений** notation system

~ **обработки данных** data processing system, data handling system

~ **обработки информации** *см.* ~ обработки данных

~ **отсчета** frame of reference

~ **прогнозирования, планирования и бюджетирования,** ~ **ППБ** projecting, planning and budgeting system, PPB system

~ **разделения во времени** time-sharing system

~ **рычагов** leverage

~ **свободного предпринимательства** free-enterpise system

~ **с переменной структурой** variable-structure system

~ **счисления** system of notation, arithmetic system

~ **управления базой данных** database management system

~ **управления базой знаний** knowledge base management system, KBMS

~ **"человек — машина"** man-machine system

автоматизированная ~ computer-aided system

автономная ~ autonomous system

английская система мер и весов avoirdupois weight system

большая ~ large-scale system, large system

восьмеричная ~ octal system

вырожденная ~ degenerate system

гибкая производственная ~ flexible manufacturing system, FMS

двоичная ~ изображения чисел binary notation system
двоичная ~ обозначения чисел *см.* двоичная ~ изображения чисел
двоичная ~ чисел binary number system
двухзвенная ~ управления two-tiered management system
динамическая ~ dynamic system, dynamical system
дискретная ~ discrete system, simpled-data system
закрытая ~ closed system
замкнутая ~ *см.* закрытая ~
кибернетическая ~ cybernetic system
линейная ~ linear system
невырожденная ~ nondegenerate system
неопределенная ~ линейных уравнений system of linear equations possessing several solutions
несовместная ~ inconsistent system
обособленная ~ isolated system
одноконтурная ~ one-loop system
оперативная ~ operating system
определенная ~ линейных уравнений system of linear equations possessing a unique solution
открытая ~ open system
персональная вычислительная ~ personal system, PS
регулирующая ~ control system
самообучающаяся ~ self-learning system
совместная ~ consistent system
человеко-машинная ~ man-machine system
экспертная ~ expert system
систематизация systematization; classification
систематизировать systemize
систематический systematic, methodical
систематичность systematic character, systematic viewpoint
системн//ый system, systems
~ анализ systems analysis
~ подход systems approach
~ ая динамика system dynamics
системотехника systems engineering
ситуативный situational
ситуационн//ый situational
~ ое управление situational management
ситуация performance; situation; condition
экономическая ~ economic performance
сказуемое predicate
скакать jump, skip; be very unsteady; race, gallop
скаляр scalar

скалярн//ый scalar
 ~ **ая оптимизация** scalar optimization
 ~ **ое произведение** scalar product

сканер scanner

скач//ок jump, bound, leap; saltus; shock; step
 линия ~ **ков** line of discontinuity

скачкообразно spasmodically; very rapidly; step-wise

скачкообразн//ый spasmodic; uneven; transition
 ~ **ая функция** jump function

сквозн//ой open; continuous; transparent; composition; through
 ~ **перенос** ripple-through carry
 ~ **ая характеристика** through characteristics
 ~ **ое отображение** composition, mapping

скелет skeleton; frame; shell

скидка discount, deduction, reduction, rebate, abatement
 ~ **с налога** tax relief

складировани//е stacking; storing; warehousing
 задача ~ **я** warehousing problem

складывать add, sum; combine; fold; put up, lay; store; make, assemble

склон slope; incline
 пологий ~ gentle slope

склонность inclination; susceptibility; tendency (to); bent (for); bias (toward); propensity (to)
 ~ **к воздержанию от расходов** propensity to not spend, propensity to withdraw, propensity to leak
 ~ **к потреблению** propensity to consume
 ~ **к сбережению** propensity to save
 предельная ~ **к накоплению** marginal propensity to save
 предельная ~ **к потреблению** marginal propensity to consume

скобк//а bracket; paranthesis
 брать в ~ **и** put in brackets [parantheses], collect in brackets [parantheses]
 вынести за ~ **и** factor out
 квадратные ~ **и** square brackets, brackets
 круглые ~ **и** paranthesis, round brackets
 прямые ~ **и** *см.* **квадратные** ~ **и**
 фигурные ~ **и** braces, curly brackets

скользящ//ий sliding; slipping; skidding; moving; glancing
 ~ **ая средняя** moving average
 ~ **ая шкала** sliding scale

сколько how much; how many

сколь угодно arbitrarily

~ близко arbitrarily closely, arbitrarily near

скомбинировать arrange, combine

сконструировать construct; design

скопление accumulation; gathering; crowd; cluster; swarm

скорость speed; velocity; rate
~ вычислений computation speed
~ изменения rate of change
~ обработки processing speed

скос slant

скошенность bias, skewness

скошенный oblique, skew

скрещенн//ый crossed, cross
~ ое произведение cross product, crossed product

скрещиваться cross

скруглить round of, smooth out

скруглять см. скруглить

скрученный twisted; contorted

скрывать hide, conceal; cover

скрыт//ый hidden; latent; secret
~ ая безработица concealed unemployment, disquised unemployment
~ ая инфляция hidden inflation
~ ая переменная latent variable
~ ое состояние latency, latent state
~ ые резервы hidden reserve

скрыть см. скрывать

скученность density, congestion

слабо weakly

слаборазвитый under-developed

слабоструктурированн//ый ill-structured
~ ая проблема ill-structured problem

слабый weak; feeble; slack; poor

слагаемое term, item; sum; summand; addend; component

слагающий component; constituent

след trace, sign; track
~ игры imputation of game
~ матрицы trace of matrix

следовательно consequently, hence, therefore

следовать follow; succeed

следствие corollary; consequence; implication
причина и ~ cause and effect

следующий following, next

сливаться merge, amalgamate; combine; interflow, joint

слитно together

слиться см. сливаться

сличать compare; check; collate (with)

слияние confluence, junction; fussion; merging, amalgamation; blending

сложени//е addition; adding; composition
~ по модулю modulo addition

~ сил composition of forces
правило ~ я combination rule

сложить *см.* складывать

сложност//ь complexity, complication
в общей ~ и in sum, in all

сложн//ый complex, complicated; compound; composite; intricate
~ вопрос knotty problem
~ ая гипотеза complex hypothesis
~ ая функция composite function, function of a function
~ ое число complex number
~ ое отношение cross-ratio, anharmonic ratio
~ ые проценты compound interest

слой layer; band; shell; fibre; stratum

сломанный broken down

служащий (*сущ.*) employee

служащий (*прил.*) used for, serving

служебный (*официальный*) official

служебный (*вспомогательный*) auxiliary

случа//й case; event, incident; occasion; occurrence; chance
вырожденный ~ degenerated case
игра ~ я play of chance
к этому ~ ю ad hoc
частный ~ special case, particular case

случайност//ь chance; randomness; contingency
зависеть от ~ и be governed by the rule of chance

случайн//ый random, aleatory; stochastic; causal, accidental, fortuitous; chance; incidental; causal
~ процесс stochastic process
~ ая величина random [stochastic] value, aleatory [random, chance] variable
~ ая ошибка random error
~ ая функция random [aleatory] function
~ ое событие random event
~ ое число random sampling number

случаться happen, come about; occur

случиться *см.* случаться

смежност//ь contiguity, adjacency
класс ~ и co-set

смежный adjacent, adjoining; contiguous; neighbouring; related (to)
~ угол adjacent angle
~ класс co-set, residual class

смена change, changing; interchange; replacement; shift

сменн//ый changeable; shift; relay
~ ая работа shift work

сменить change; replace

сменять *см.* сменить

сменяемость removability

сместить displace, remove

смесь mixture

смета estimate
смешанн//ый mixed; compound; composite; hybrid; joint
~ коэффициент корреляции coefficient of alienation
~ момент product moment, mixed moment
~ момент второго порядка covariance
~ ая задача mixed problem, boundary value problem
~ ая система счисления mixed-base notation
~ ая стратегия mixed strategy
~ ая экономика mixed economy
~ ое произведение mixed product, triple scalar
смешать mix; confuse
смешивать см. смешать
смещать см. сместить
смещени//е displacement, dislocation, removal; bias; parallax; shift; upheaval
~ фаз phase shift
критерий ~ я test of location
смещенный displaced, dislocated; biased; out of line
смысл sense; meaning
весь ~ в том, что... the whole point is that...
в известном ~ e in a sense
здравый ~ common sense
иметь ~ have meaning, make sense
прямой ~ literal meaning
переносный ~ figurative meaning

смысловой semantic
смычка union; linking
смягчение softening; relaxation
снабдить supply, furnish, provide; equip
снабжать см. снабдить
снабжение supply, provision
снаружи outside, on the outside; from the outside
сначала at first, first, firstly; all over again, from the beginning;
снижать reduce; lower, bring down, cut, abate; lessen; depreciate
снижение lowering, decrease, drop; reduction; depreciation
снизить см. снижать
снизу below; form below
~ вверх upwards
полунепрерывный ~ lower semicontinuous
снова again, anew, afresh; over again
снос drift, deflection; pulling down; demolition; wear
сноска footnote
собирать gather, collect; assemble
собрать см. собирать
соблюдать observe; keep to
соблюдение validity; observance; maintenance
соблюсти см. соблюдать
собрание meeting, gathering; collection; assembly
собственно properly, proper, really

~ примитивный properly primitive

~ говоря strictly speaking

собственность property; ownership, possession

~ на средства производства ownership in the means of production

собственн//ый characteristic, eigen, proper; own; non-singular

~ вектор eigen-vector, characteristic vector, latent vector

~ ая функция eigen-function

~ ое значение eigen-value, characteristic value, proper value, latent root

~ ое нормальное распределение non-singular normal distribution

~ ое подмножество proper including set, comprehending set

~ ое число eigen-value

в ~ ом смысле in the true sense

событи//е event; development

взаимно-несовместимые ~ я mutually exlusive events

достоверное ~ certain event

зависимые ~ я dependent events

множество элементарных ~ й aggregate of elementary events

независимые ~ я independent events

несовместимые ~ я incompatible events, exclusive events

определенное ~ specific event

равновероятные ~ я equiprobable events

равновозможные ~ я equally possible events

редкое ~ rare event

случайное ~ random event

элементарные ~ я elementary events, simple events

совершенно absolutely, quite, completely, totally, utterly; perfectly

совершенн//ый perfect; absolute; complete; principal

~ ое множество perfect set

~ ое число perfect number

совершенствовать perfect, improve; cultivate

совет (*наставление; обсуждение*) advice; opinion; counsel

совет (*государственный, административный орган*) soviet; council

совместимость compatibility; consistency

совместимый compatible; consistent

совместить combine (with)

совместно simultaneously; jointly, combined, in common

~ решаемые уравнения simultaneous equations

совмести//ый joint, combined; simultaneous; compatible, consistent; congruent

~ ая работа on-line operation, joint operation

~ ое распределение joint distribution, simultaneous distribution

совмещать *см.* совместить

совмещаться coincide

совокупно jointly, in common

совокупность totality, union, aggregate; population; universe; sum total; combination; collection; assembly; closure (of)

генеральная ~ population, parent population, main population, general totality, universe

совокупн//ый joint, combined, aggregate; cumulative; total; composite

~ спрос aggregated demand

~ ое предложение aggregated supply

~ ые затраты total cost

~ ый общественный продукт total social product

совпадать coincide; concur (with)

не ~ disagree (with); be inconsistent (with)

совпадающий coinciding, coincident; congruent

совпадение coincedence; congruence; fit, fitness; match, matching

совпасть *см.* совпадать

современный contemporary; modern

совсем absolutely, entirely, completely, totally

согласие conformity; accord; harmony; agreement; consent, assent; concurrence

согласно in accord, in harmony; according to; in accordance with

~ предыдущему by the preceding

согласование agreement, concordance; reconciliation

~ целей concurrence among the aims

согласованность coordination; consistency; agreement

согласованный coordinated; consistent; concordent; compatible

согласовать coordinate; adjust; make consistent; harmonize; reconcile

согласовывать *см.* согласовать

согласующийся consistent; compatible; congruent

соглашение agreement; contract; convention; stipulation

согнутый bent; curved

согнуть bend; crook, curve

содействие assistance, help; cooperation

содействовать assist, help; further, contribute, promote

содержание contents; intension; matter, substance; maintenance

содержать contain; maintain, keep, support

~ в себе contain

соединение union; combination; junction, conjunction, joint; juxtaposition

соединить combine; join, unite; connect; juxtapose

соединять *см.* соединить

создавать create; originate; build; establish, set up; found

создание (*работа, произведение*) creation, work

создание (*существо*) creature

создать *см.* создавать

созерцательный contemplative

сознание consciousness; confession

сознательно knowingly; consciously; deliberately

соизмерение comparison

~ затрат и результатов comparison among costs and gains

соизмеримость commensurability

соизмерить compare

соизмерять *см.* соизмерить

сократимый reducible; contractible, contractive, contractile

сократить reduce, curtail, shorten; cancel; contract; abbreviate; abridge

~ на два cancel by two

сокращать *см.* сократить

сокращени//е reduction, curtailment; cancellation; shortening; abbreviation; contraction

с ~ ями abridged

сокровища store of value

сомнени//е doubt; problem

не подлежит ~ ю is beyond any dout

подвергать что-либо ~ ю call smth. in question, cast doubt on smth.

разрешать ~ я remove all doubt

сомнительный doubtful, questionable; dubious

сомножитель co-factor, multiplier, factor

соображение concept; consideration, reason; argument; understanding; reflaxion

сообразно according to, in conformity with

сообщать inform; communicate; report

сообщение (*известие*) information, report, communication; message

сжатое ~ compressed message

сообщение (*связь*) communication

сообщить *см.* сообщать

соответственно respectively; correspondingly, accordingly

соответстви//е correspondence, accordance, conformity; congruence; agreement

взаимно однозначное ~ one-to-one correspondence

в ~ и accordingly, according to

поставить в ~ coordinate; associate; assign; let correspond, make correspond

соответствовать correspond (to), conform (to)

соотнесенный associated; correlated; assigned; related

соотнести correlate, bring into correlation; compare

соотносить *см.* соотнести

соотношение correlation; ratio; relation; alignment
~ сил correlation [alignment] of forces
предельное ~ asymptotic relation

сопоставить compare, confront; associate; contrast

сопоставлени//е comparison, confrontation, contrast, juxtaposition
~ я экономик различных стран comparative economics
экономические ~ я *см.* ~ я экономик различных стран

сопоставлять *см.* сопоставить

сопредельный contiguous (to)

соприкасание contact, juxtaposition

соприкасаться touch; be in contact; adjoin; osculate

соприкасающийся touching; osculating; adjoining; contiguous

соприкоснуться *см.* соприкасаться

сопровождение accompaniment; escort

сопрягать joint; unite; refer

сопряженност//ь contingency; union; conjunction; conjugacy
~ признаков contingency
коэффициент ~ и coefficient of contingency
таблица ~ и признаков contigency table

сопряженн//ый conjugate; associated; charged; adjoint; apolar
~ ая матрица conjugate matrix
~ ые измерения conditioned measurements
~ ые углы conjugate angles
комплексно ~ complex conjugate

сопутствовать accompany, attend

сопутствующий accompanying, attendant, concomitant

соразмерно in proportion (to)

соразмерный proportional; commensurate; balanced

соревнование competition, emulation

сорт kind; quality, grade; sort; brand

сортамент assortment

сослаться refer (to), allude (to); cite, quote

сосредоточение concentration

сосредоточенный concentrated; point-like

сосредоточивать concentrate; focus, fix

сосредоточить *см.* сосредоточивать

состав composition; structure; personal, staff; membership

~ логической схемы logical design

составить put together; compose, compile; constitute; make up, form; collect; design; work out

~ уравнение work out an equation

составленный composed; superposed; constituted

составлять *см.* составить

составляющ//ая (*сущ.*) component, costituent

гармонические ~ие harmonic components

переменная ~ variable component

постоянная ~ direct component

свободная ~ free component

составляющий component, constituent

составн//ой component, constituent; composite, compound; combined

~ индекс aggregate index, aggregative index

~ ая величина combined variable

~ ое число composite number

состояние state; condition, status; position; fortune

~ ожидания wait status

дискретное ~ discrete state

исходное ~ initial state

начальное ~ *см.* исходное ~

нерабочее ~ inoperative state

рабочее ~ operative state

скрытое ~ latency

стационарное ~ stationary state, steady state

устойчивое ~ steady state

состоять be; consist (of); include

состязание competition, contest; controversy

сосуд vessel; container

сотворение creation, making

сохранени//е preservation, conservation; invariance; reservation

~ энергии conservation of energy

теорема о ~ и conservation law

сохранить preserve, retain, keep; remain; conserve; maintain

~ силу remain valid

сохранять *см.* сохранить

сочетание combination; set

сочетательный associative, combinative

сочетать combine; unite; associate

сочленение joint, articulation, concatenation

социальн//ый social

~ о-экономический socioeconomic, socio-economic

союз union, alliance

спад decay, recession, slump, falling, downturn; abatement

~ производства downswing

спаренный paired, coupled, twin; dual; double
спектр spectrum
спектральный spectral, spectrum
сперва at first, firstly
спереди in front of
   вид ~ frontal view
специализация specialization
специализироваться specialize
специалист specialist, expert
   ~ в области окружающей среды environmentalist
специальны//й special, especial; specific
   ~ е права заимствования special drawing rights, SDRs
специфика specific character, characteristics
спецификатор specifier
спецификация specification
   ~ модели specification of model
спираль spiral, helix
   инфляционная ~ wage-and-price spiral
список list; copy; record
   ~ ошибок corrigenda, list of errors
сплетение interlacing, interlacement
   ~ обстоятельств combination of circumstances
сплошн//ой continuous, entire; solid; compact; total; full; dense
   ~ ая среда continuum
сплюснутый flattened; oblate
сплющивать flatten

спокойный at rest; latent; quite, calm, tranquil
спор controversy, argument; debate; dispute
спорадический sporadic
спорить argue, dispute; debate, discuss
спорный contorversial, disputed, questionable, debatable
способ way, mode; method; manner; means; approach; procedure
   ~ действия modus operandi, mode of action, way of action
   ~ обработки treatment method
   ~ понижения дисперсии variance reduction method
   ~ потребления mode of consumption
   ~ производства mode of production
   ~ скользящих средних moving average method
способность ability, aptitude; capacity; power
способствовать promote; further, favour; be conductive (to); assist
способствующий instrumental; contributing
справа from the right; to the right
справедливый valid, correct, true; just; equitable
справка reference, information; certificate; note
справочный reference

спрашивать ask; inquire; demand

спрос demand
  внутренний ~ domestic demand
  избыточный ~ excess demand
  конечный ~ final demand
  отложенный ~ defered demand, pent-up demand
  производный ~ derived demand
  сдерживаемый ~ pent-up demand
  совокупный ~ aggregate demand, composite demand, joint demand, total demand
  удовлетворять ~ meet demand, satisfy demand

спросить *см.* спрашивать

спрямление rectification

спрямлять rectify

спуск slope; incline; descent
  крутой ~ steep slope
  метод скорейшего ~ a method of steepest descent
  отлогий ~ easy slope

срабатывать operate, function

сработать *см.* срабатывать

сравнение comparison; congruence
  ~ статистических состояний равновесия comparative statistics

сравнивать (*сопоставлять*) compare

сравнивать (*делать одинаковым*) equal, equate

сравнивать (*делать ровным*) level

сравнимы//й comparable; congruent
  ~ по модулю *A* congruent modulo *A*
  ~ е числа congruent numbers

сравнительн//ый comparative
  ~ анализ comparative analysis
  ~ ая динамика comparative dynamics
  ~ ая статика comparative statics

сравнить *см.* сравнивать *в знач.* "*сопоставлять*"

среда medium; surroundings; environment

среди among, amongst; amidst; in the middle

средне- average, mean

среднеарифметический arithmetic mean, average, averaging

средневзвешенный weighted-mean, weighted-average

средне//е (*сущ.*) average, mean
  ~ из суммы крайних значений midrange
  ~ пропорциональное mean proportional
  ~ степенное power mean
  в ~ м on the average
  гармоничное ~ harmonic mean
  генеральное ~ grand mean
  групповое ~ class mean
  общее ~ grand mean

произвольно принятое ~ assumed mean
скользящее ~ moving average, running mean
сходимость в ~м mean convergence
сходиться в ~м converge in mean
условное ~ conditional mean, assumed mean
среднеквадратический mean square, least square
средн//ий middle; average, mean
~ член mean (of ratio)
~ее значение mean value, average value
~ее квадратическое отклонение mean square deviation, standard deviation
~ее линейное отклонение mean deviation
~ее по расположению positional average
~ее число наблюдений expected number of observations, average sample number
~яя квадратическая ошибка mean square error, mean square deviation, standard deviation
~яя линия median
~яя точка centroid, midpoint
выборочное ~ее значение sample mean, sampling mean
средняя (*сущ.*) *см.* среднее
выборочная ~ sample mean
генеральная ~ population mean

средств//о means; tool; medium
~а автоматизированного проектирования computer design aids
~а к жизни means of subsistance
~а к существованию livelihood
~а обмена medium of exchange
~а обращения circulating medium
~а отладки debug tools, debugging tools
~а платежа means of payment
~а потребления consumer goods
~а производства means of production
~а труда means of labour
срез cut; section; shearing
срок time; period; fixed time; date; term
~ окупаемости recoupment period, pay-off period, payback period
ссуда loan
ссылаться *см.* сослаться
ссылка reference; footnote
стабилизатор stabilizer
встроенный ~ build-in stabilizer, automatic stabilizer
стабилизация stabilization; constancy
стабилизировать stabilize
стабильность stability
стабильный stable; standard

ставить put, place; set; pose
ставка stake; bet; rate
стади//я stage; phase
~ и экономического роста stages of economic growth
стандарт norm, standard
стандартизация standardization
стандартизировать standardize
стандартн//ый standard
~ блок package
~ое отклонение standard deviation
~ ая ошибка standard error
становление formation; composition
старш//ий higher, highest; leading; older, elder; oldest, eldest, senior
~ коэффициент leading [highest] coefficient, leading [highest] term
~ая производная higher derivative
самый ~ разряд the most significant digit
старшинство seniority
статика statics
статистика (*функция результатов наблюдений, показатель*) statistic
~ Дарбина—Уотсона Durbin—Watson statistic
непараметрическая ~ nonparametric statistic
порядковая ~ order statistic
статистика (*совокупность методов, данных*) statistics

~ больших выборок macrostatistics
~ малых выборок microstatistics
~ предприятий business statistics
математическая ~ mathematical statistics
сравнительная ~ comparative statistics
экономическая ~ economic statisics
статистическ//ий statistical
~ ая модель statistical model
~ ая оценка statistical estimation
~ ая проверка гипотез statistical verification of hypotheses, hypothesis testing
~ ая совокупность statistical population
статически statically
статический static
статья article; item; paper; clause; point
стационарность stationary state
стационарн//ый stationary, steady, steady-state
~ процесс stationary process
~ ая точка stationary point
~ ое уравнение steady-state equation, time-independent equation
степенной power; degree
~ ряд power series
степен//ь power; degree, extent; ratio; potency; measure

~ доверия degree of confidence

~ неравномерности uniformity factor

~ свободы degree of freedom

~ расширения expansion ratio

~ связанности degree of constraint

~ точности degree of accuracy

в должной ~ и sufficiently, to the right degree

восходящие ~ и increasing powers

до такой ~ и to such an extent

показатель ~ и power

стереометрия solid geometry, stereometry

стереотип stereotype

стереть erase, rub out, blot out; concel; clean; wipe off

стержень rod, bar; pivot

стечение confluence

стиль style

стимул stimulus, stimulant, incentive

   материальные ~ ы material incentives

   моральные ~ ы moral incentives

стимулировать stimulate

стирать *см.* стереть

стихийн//ый elemental; spontaneous; natural; accidental

~ ая сила elemental force, primordial force

~ ое бедствие national calamity

~ ое движение spontaneous movement

стихия element

стоимост//ь cost; value

~ по номиналу par value, face value, nominal value

~, добавленная обработкой value added, VA

величина ~ и magnitude of value

внутренняя ~ intrinsic value

добавленная ~ *см.* ~, добавленная обработкой

избыточная прибавочная ~ excess surplus value, extra surplus value

истинная ~ intrinsic value

ложная социальная ~ false social value

меновая ~ exchange value, value in exchange

общественная ~ social value

потребительная ~ use-value, use value, value in use

прибавочная ~ surplus value

рыночная ~ market value

самовозрастающая ~ self-expanding value

трудовая ~ labour-value

функция ~ и cost function

стоить cost; be worth, be worthwhile

столбец column

столбик *см.* столбец

столбиков//ый bar; column

~ ая диаграмма bar graph, bar diagram

столкновение collision; encounter; clash

столп pillar

сторон//а side; aspect; party

   обратная ~ reverse side

   искать на ~ е seek elsewhere

   непрерывный в обе ~ ы bicontinuous

   равномерный в обе ~ ы biuniform

   смотреть со ~ ы take a detached view

   с чьей-либо ~ ы on the part of someone

стохастика stochactics

стохастическ//ий stochastic

   ~ процесс stochastic process

   ~ ая величина stochastic variable

   ~ ая модель stochastic model

   ~ ое программирование stochastic programming

стран//а country

   новые индустриальные ~ы newly industrialized countries

стратеги//я strategy

   доминирующая ~ dominant strategy

   наилучшая ~ the best strategy, optimal strategy

   оптимальная ~ см. наилучшая ~

   пространство ~ й space of strategies, policy space

страхование insurance

страхов//ой actuarial

   ~ ая математика actuarial mathematics

стрела arrow

стрелк//а pointer; indicator; arrow; hand

   по часовой ~ е clockwise

   против часовой ~ и counter clockwise

стремиться approach; tend (to); speed, rush; aim (at); converge

стремление convergence; tending; tendency; urge (towards), endeavour; desire

строг//ий rigous; strict; severe

   ~ ое неравенство strict inequality

строго strictly; rigously

строение (*структура*) composition; structure

   ~ капитала composition of capital

   органическое ~ organic composition

   стоимостное ~ value-composition

   техническое ~ technical composition

строение (*сооружение*) construction, building

строить construct; build; form

строй (*система*) system, order; regime

стройность orderliness, symmetry; just proportion; harmony

стройный orderly; well-proportioned; harmonious

строка line; row; series; string

~ матрицы row of a matrix
~ символов character string
n- ~ n-tuple
структура structure, pattern; lattice; organization
~ данных data structure
~ производственных затрат input-mix
иерархическая ~ hierarchical organization
структуризация structurization
~ проблемы problem structurization
структуризуемый being made into a lattice
структурно structural, structurally
~ упорядоченный lattice-ordered
структурн//ый lattice; structural; parastrophic
~ ая единица structural unit
~ ая матрица parastrophic matrix
~ ая неоднородность structural heterogeneity
~о-информационная схема structural graph
~ ые сдвиги structural changes, structural shift
струна string
ступенчат//ый graduated; consecutive; step-stepped
~ ая функция step-function
ступень step, footstep; stage; stair
суб- sub-
субблок sub-unit, sub-block
субоптимальный sub-optimal

субоптимизация suboptimization
субсидия subsidy, bounty
субстрат substance
субъект person, individual; subject
субъективный subjective
сугубо especially, particularly
судьба fate; fortune; destiny
суждение judgement; opinion; inference
индуктивное ~ inductive inference
сужение contraction, narrowing; constriction; restriction
сумм//а sum; union; totality; ensemble
в ~ е amounting to
общая ~ grand total, grand sum
суммарный total, summary, summarized
~ результат accumulated total
сумматор adder, summator; integrator
суммирование summation, summing up
~ распространяется на ... the summation is taken over ..., the summation extends over ...
суммировать sum up, add together; summarize
суммируемый summable, integrable
суммирующий summing
супер - super-
супервизор supervisor

суперпозиция superpositon, composition

супремум supremum

суточные (*сущ.*) daily allowance

суточный daily, diurnal

суть essence; substance; crux; point; kernel

существенно essentially; substantially

  ~ **особая точка** essential singularity

существенн//ый essential, material; substantial, important; salient

  ~ **параметр** salient parameter

  ~ **ая переменная** salient variable

существ//о (*сущность*) essence; entity

  не по ~ **у** beside the point

  по ~ **у** actually, essentially, fundamentally, to the point, per se

существо (*живое*) being, creature

существовани//е existence

  доказательство ~ **я** existence proof

существовать exist, be

сущность essence, main point; entity; nature

сфера sphere; realm

  ~ **материального производства** sphere of material production

  ~ **нематериального производства** sphere of nonmaterial production

  ~ **производства** sphere of production

  ~ **услуг** sphere of services

  непроизводственная ~ unproductive sphere

  производственная ~ productive sphere

сформулировать state; formulate

схема scheme; plan, sketch; diagram; chart; shema; circuit; network

  ~ **управления** control circuit

  ~ **последовательности операций** flow chart

  большая интегральная ~, **БИС** large-scale integration circuit, LSI

  моделирующая ~ analogous circuit

  принципиальная ~ schematic circuit [diagram]

  сверхбольшая интегральная ~ very-large-scale integration circuit, VLSI

  сквозная ~ through circuit

  теория схем communication theory

схематически schematically, diagramatically; sketchy

сходимость convergence

  ~ **по вероятности** convergence in probability, stochastic convergence

сходиться converge; come together; meet

сходный similar; compatible; consistent

сходство resemblance; similarity; analogy

сценарий scenario

счесть (*вычислить, подсчитать*) count; compute; reckon

счесть (*допустить, предположить*) consider, regard; assume

счет account; count; calculation, counting, reckoning; computation; score; abacus

~ национального дохода и продукта national income and product account, NIPA

~ прибылей и убытков profit-and-loss account

~ а по видимым статьям дохода visible accounts

без ~ а countless

в конечном ~ е in the end

двойной ~ double accounting, double counting

не в ~ not counted

обратный ~ countdown

счетн//ый denumerable, countable, counting, pertaining to counting; calculational

~ ая линейка slide rule

~ ая машина calculator

~ о-аддитивный denumerably-additive, countably additive

~ ое множество denumerable set

~ о-компактный countably compact, separable

~ о-решающий computing, calculating

не более чем ~ at most countable

счетчик counter; indicator; accumulator

счеты abacus

счислени//е calculus; calculation; counting

система ~ я number system, scale of notation

считать *см.* **счесть**

~ доказанным take for granted; assume

сырье raw material, primary product

стратегическое ~ strategic raw material

Т

таблиц//а table; chart; list; array; plate

~ выигрышей prize-list

~ дожития life table

~ пересчета table of conversion

~ случайных чисел table of random numbers

~ сопряженности признаков contindency table

~ спроса demand schedule

динамическая ~ spreadsheet

многопозиционная ~ *см.* динамическая

составная ~ aggregate chart

шаг ~ ы spacing of a table

экономическая ~ tableau économique

табличн//ый tabular, table
 ~ **метод** tabular procedure
 ~ **ое значение** tabular value
табулировать tabulate
тавтология tautology
такт time; time step
тактический tactical
тангенс tangent
тверд//ый rigid; hard; firm, solid; strong
 ~ **ая корреляция** rigid correlation
 ~ **ые знания** sound knowledge
творческий creative
тезаурус thesaurus
тезис thesis
текст text
текучесть (*свойство жидкостей*) fluidity; fluid; yield
текучест//ь (*нестабильность*) fluctuation, instability
 предел ~ **и** yield limit
текущ//ий (*движущийся*) flowing, flow; current
 ~ **ая координата** moving coordinate
текущий (*каждодневный, сегодняшний*) current, present-day
телематика telematics
телесный solid; corporal; corporeal; body
тело body; field; solid; skew field
 ~ **множеств** field of sets
 ~ **программы** program body
 геометрическое ~ solid
 материальное ~ mass

тема theme, subject; topic
тематика themes, subjects
темп rate, speed, pace; tempo; time; frequency
 ~ **роста** rate of growth, rate of increase
 ~ **экономического роста** pace [rate] of economic growth
 замедлять ~ decelerate
 среднегеометрический ~ **годового роста** annual average compound rate
 ускорять ~ accelerate
температура temperature
тенденциозность bias; tendentiousness
тенденциозный biased; tendentious
тенденция trend; tendency; inclination; bias
 вековая ~ secular trend
тензор tensor
 ~ **деформации** strain tensor
тензорн//ый tensor, tensorial
 ~ **ое исчисление** tensor calculus
тень shadow; shade; umbra
теорема theorem
 ~ **двойственности** duality theorem
 ~ **Куна—Таккера** Kun—Tucker theorem
 ~ **однозначности** uniqueness theorem
 ~ **о магистралях** turnpike theorem
 ~ **о минимаксе** minimax theorem

~ о пропусках gap theorem
предельная ~ limit theorem
промежуточная ~ mean-value theorem
прямая ~ direct theorem
теоретико-вероятностный probability-theoretic
теоретико-игровой game-theoretic
теоретико-множественный set-theoretic
теоретико-структурный lattice-theoretic
теоретизировать theorize
теоретически theoretically, in theory
теоретический theoretical, theoretic
теория theory
  ~ автоматизированных систем управления automated control system theory
  ~ автоматов automata theory
  ~ алгоритмов theory of algorithm
  ~ вероятностей probability theory
  ~ вменения theory of imputation
  ~ воздержания theory of abstinence
  ~ выявленных предпочтений theory of revealed preferences
  ~ государственного вмешательства statism
  ~ графов graph theory
  ~ группового выбора group choice theory
  ~ доказательств theory of evidence
  ~ жизненного цикла life-cycle theory
  ~ заработной платы, основанная на предельной производительности marginal productivity theory of wage
  ~ игр game theory
  ~ иерархических систем hierarchical systems theory
  ~ информации information theory
  ~ массового обслуживания theory of waiting lines, queueing theory
  ~ невмешательства laissez-fair theory, laissez-passer theory
  ~ нечеткостей imprecise theory
  ~ относительности theory of relativity
  ~ оценок estimation theory
  ~ очередей queueing theory
  ~ ошибок theory of errors
  ~ поиска наилучшего поведения экономической системы при недостижимости оптимума second-best theory
  ~ прибавочной стоимости theory of surplus value
  ~ принятия решений decision theory
  ~ процента, основанная на предельной полезности marginal utility theory of interest

~ равновесия в условиях неполной занятости theory of underemployment equilibrium

~ размещения occupancy theory, allocation theory

~ расписаний scheduling theory

~ решений *см.* ~ принятия решений

~ рынка theory of markets

~ стоимости theory of value, value theory

~ стоимости, основанная на полезности utility theory of value

~ убывающей нормы прибыли falling-rate-profit theory

~ убывающей предельной производительности капитала declining-marginal-efficiency-of-capital theory

~ управления запасами inventory theory, inventory control theory, storage control theory

~ фирмы theory of the firm

~ фонда заработной платы wage-fund theory

~ экономического роста economic growth theory

~ экономической динамики dynamic economics

трудовая ~ стоимости labour theory of value

термин term

терминал terminal

терминология terminology, nomenclature

термодинамика thermodynamics

территориальн//ый territory, territorial

~о-производственный комплекс, ТПК territorial-production complex, TPC

~о-организационный комплекс territorial-organizational complex

территория territory, area

тесно closely; tight

теснота closeness; tightness; crowd

~ связи closeness of relationship

тесн//ый tight; close, compact; narrow

в ~ ой связи с... closely connected to...

тест test; criterion

тестер tester

тестирование testing

тестировать test

тетраэдр tetrahedron

техника tecnology; engineering; technique; technics; equipment

~ автоматического регулирования и управления control engineering

техническ//ий technical

~ая новинка gadget

~ие науки technics

технократия technocracy

технологическ//ий technological

~ конус technological cone, production cone

~ прогресс technological progress, techprog

~ способ technological mode

~ ая матрица technological matrix

~ ие коэффициенты technological coefficients

~ ое прогнозирование technological forecasting

~ ое строение капитала technological composition of capital

капиталоинтенсивный ~ прогресс capital-using technological progress

материализованный ~ прогресс embodied technological progress

нейтральный ~ прогресс neutral technological progress

нематериализованный ~ прогресс disembodied technological progress

трудоинтенсивный ~ прогресс labour-using technological progress

технология technology

вновь появляющаяся ~ emerging technology

высокая ~ high technology, high tech

передовая ~ advanced technology

технополис technopolis

течение course; flow; stream; trend

тип type; model; pattern; species; class; style

типизация standardization

типизировать typify

типично typically

типичный typical; peculiar; representative

типовой standard; typical

типология typology

тире dash; hyphen

товар commodity; article

~ ы commodities, goods

~ ы Гиффина Giffen goods

~ ы общественного потребления public goods, collective consumption goods

~ ы одноразового использования one-time goods, single-use goods

~ ы первой необходимости essential goods, essential commodities

~ ы, созданные трудом economic goods

~ ы с отрицательной эластичностью от дохода inferior goods

~ ы-субституты substitute goods

высококачественные ~ ы topquality goods, top-notch goods

дефицитные ~ ы commodities in short supply, scarce goods

инвестиционные ~ ы capital goods, investment goods, producer's goods основные ~ы basic commodities

потребительские ~ы consumer's commodities, consumer's goods

товарн//ый commodity
~ая биржа commodity exchange
~ая продукция commodity output
~о-денежные отношения commodity-money relations, exchange relationships
~ое обращение goods in circulation
~ое производство commodity production
~ые потоки commodity flows

товарообмен commodity exchange, barter, exchange of goods
прямой ~ barter

товарооборот commodity turnover

тождественность identity
тождественно identically
тождественн//ый identical (to), same (as), one and the same
~ое преобразование indentical transformation, identity mapping

тождество identity
толкование interpretation; explanation; commentary
толковать interpret; explain; comment
толстый thick; heavy

толчок push; shock; jerk
дать ~ stimulate, give impetus

толщина thickness
только only, merely; solely; but; just
тогда и ~ тогда if and only if

том volume; book
тон tone; pitch
тонкий thin; fine, delicate, subtle; refined; keen
тонкост//ь thinness; subtlety; fineness; nicety, fine point
~и details; refinements
вдаваться в ~и subtilize
до ~ей to a nicety

топология topology, layout
комбинаторная ~ combinaторial topology

торг bargining; market; auction
торговец dealer, merchant, seller
торговля trade, commerce; barter
торец end-wall; paving block; element of a covering
торможение damping; braking; retardation; drag; inhibition; stopping, slowing down
тормоз brake; obstacle (in), hindrance (to), drag (on)
тотальный total, complete
точечно pointwise, point
~ пересекающийся intersecting pointwise
точечн//ый point, pointwise; dot
~ая диаграмма dot diagram
~ая модель point model
~ая решетка point lattice

~ ое множество punctiform set, totally disconnected set

~ о-конечный pointwise finite, point-finite

~ о-опорный point-supported

точк//а point; dot, spot; place

~ ветвления branch point

~ возврата cuspidal point, stationary point, cusp, spinode

~ насыщения saturation point

~ неопределенности ambiguous point

~ нулевой прибыли break-even point

~ отсчета point of reference

~ перегиба point of inflaxion, inflaxion point

~ переключения switching point

~ пересечения intersection point

~ перехода transition point

~ покоя stationary point

~ прикосновения adherent point, point of tangency

~ равновесия equilibrium point

~ разрыва point of discontinuity

~ с запятой semi colon

~ с наименьшей суммой расстояний от заданных точек median center

двойная ~ double point, crunode

двузначная ~ см. ~ неопределенности

десятичная ~ decimal point

заострение ~ и point, vertex, apex, cusp, cuspidal point, spinode

контрольная ~ control point, set point, checkpoint, benchmark

неособая ~ noncritical point

особая ~ critical point, singular point

плавающая ~ floating point

поворотная ~ turning point

точно accurately; exactly, precisely

точность accuracy; exactness, precision; fidelity

~ воспроизведения fidelity of reproduction

~ измерений accuracy of measurement

~ приближения goodness of fit

повышенная ~ multiple precision

с ~ ю до единицы to within one, an accuracy one

точн//ый exact, precise; accurate; explicit; correct; strict; close; true; punctual

~ порядок proximate order

~ ая верхняя грань least upper bound

~ ая нижняя грань greatest lower bound

~ ое представление faithful representation

~ ые данные accurate data

траектория trajectory; orbit; path; track; locus

~ сбалансированного роста balanced-growth path, equilibrium path
выборочная ~ sampling path
трактовать treat, discuss; interpret
трактовка treatment; interpretation
транзитивность transitivity
~ предпочтений preference transitivity
транзитивный transitive
транслятор translator, processor
транспозиция transposition, commutation
транспонирование transposition, conjugation, conjugating
транспонированн//ый transposed, conjugate, conjugated
~ая матрица transposed matrix
транспонировать transpose, conjugate
транспортир protractor
транспортн//ый transportation, transporting, transport
~ая задача transportation problem
~ая задача с ограничениями по пропускной способности capacitated Hitchcock problem
~ая модель transportation model
трансформаци/я transformation
проблема ~и transformation problem

трансформировать transform, convert; alter
трансцендентный transcendental, transcendence
трапециевидный trapezoidal, trapeziform
трапеция trapezoid, trapezium
трасса line, direction; route; plan; sketch; trace
трассировка routing
трата expenditure; expense; waste
трафарет mask
требование demand; claim; requirement; request
требова//ть demand; require, need, call (for)
что и ~лось доказать QED, which was to be proved, as was to be proved
трение friction
третье (сущ.) third; middle
исключение ~го excluded middle
тренд trend
треугольник triangle
аксиома ~a triangle inequality
треуголь//ный triangular
~ая матрица triangular matrix
трех- tri-, three-
трехгранник trihedron
трехкратный thriple
трехмерный three-demensional, trivariate
трехчлен trinomial
триада triad
триангулировать triangulate

триангуляция triangulation
~ матрицы triangulation of matrix
тривиальный trivial
триггер flip-flop
тригонометрия trigonometry
труд labour, (*амер.*) labor
абстрактный ~ abstract labour
живой ~ living labour
конкретный ~ concrete labour
необходимый ~ necessary labour
непроизводительный ~ unproductive labour
общественно необходимый ~ socially necessary labour
овеществленный ~ materialized labour, embodied labour
прибавочный ~ surplus labour
производительный ~ productive labour
простой ~ simple labour, normal labour
прошлый ~ past labour, stored-up labour
сложный ~ skilled labour
средний ~ average labour
умственный ~ intellectual labour
физический ~ manual labour
трудозатраты (в человеко-часах) man-hours
трудоемкий labour-intensive
трудоемкость (продукции) labour-intensiveness
трудосберегающий labour-saving
трудный difficult, hard
тупик dead end; impass, deadlock
тупой (*о форме*) obtuse
~ угол obtuse angle
тупой (*бессмысленный*) vacant, meaningless
тупоугольный obtuse, obtuse-angled
тщательно thoroughly, carefully
тщательный thorough, careful
тщетно vainly, in vain
тщетный vain, futile
тяготение gravity, gravitation

У

убедить convince; persuade
убеждать *см.* убедить
убеждение convinction, belief, persuation
убывать (*уменьшаться*) decrease, diminish
убывать (*удаляться*) take away
убывающ//ий decreasing, diminishing
~ ая предельная норма замены diminishing marginal rate of substitution
убыль diminution, decrease; subsidence; losses
убыток loss; disadvantage

убыточн//ый unprofitable; disadvantageous; loss-making
~ **ая фирма** loss-making firm

убыть *см.* убывать

увеличение increase; enlargement; magnification; extension, expansion; enchancement
~ **капиталовооруженности труда** capital deepening

увеличивать increase; enlarge, extend; enchance; augment; magnify

увеличить *см.* увеличивать
~ **на** *n* **процентов за период...** increase by *n* percent over the period...

увязать link; tie up; connect; coordinate

увязывать *см.* увязать

угадать guess; conjecture; suppose

угадывать *см.* угадать

углов//ой angular; corner; angle
~ **коэффициент** slope, gradient, ascent
~ **ая точка** corner point, corner, point of break
~ **ое ограниченное значение** limiting value of angle

углубить (*сделать глубже*) deepen

углубить (*расширить, интенсифицировать*) extend, intensify

углубить (*изучить детальнее*) investigate, examine

углублять *см.* углубить

угол angle; corner; vertex

прямой ~ right angle
смежный ~ adjacent angle
тупой ~ obtuse angle

удаление deletion; removal; moving

удаленный distant, far, remote; removed; apart; outlying
бесконечно ~ infinite, infinitly distant, at infinity

удар blow; stroke; shock; thrust; impact

удача success

удельн//ый specific
~ **вес** specific gravity, specific weight
~ **ая нагрузка** unit weight

удлинение lengthening; prolongation, extension; continuation; elongation
~ **срока** prolongation, extension
относительное ~ aspect ratio

удлиненный oblong; elongated; extended, prolonged; prolate

удлинить lengthen, make longer; prolong, extend; elongate

удлинять *см.* удлинить

удобный suitable; convenient; opportune; comfortable; handy

удобство comfort; convenience
~ **в эксплуатации** serviceability
~ **для пользователя** user-friendliness

удовлетворение satisfaction, gratification; compliance

удовлетворительно satisfactorily

удовлетворительный satisfactory

удовлетворить satisfy, content; comply (with); meet

удовлетворять *см.* удовлетворить

~ спрос meet demand

удовольствие pleasure; amusement, fun

узел knot; node; group; assembly; bend; junction

~ интерполяции point of interpolation

узк//ий narrow; restricted; small; tight

~ ое место bottleneck, weak point

в ~ ом смысле in the restricted sense

задача с ~ им местом bottleneck problem

узлов//ой main, chief, central; nodal

~ вопрос the main question

~ ая точка node

узнавать learn; find out; recognize

узнать *см.* узнавать

узор design, pattern

узость narrowness; tightness

указание (*показание*) indication

указание (*инструкция*) instruction

указание (*определение, упоминание*) designation, reference

указанн//ый indicated; stated; mentioned; pointed; showed

в ~ ом сочинении loc. cit.

указатель indicator, pointer; index; register; table

указать indicate; find; determine; show; point

указывать *см.* указать

укладка packing; stacking; piling; stowage

уклон slope; inclination; gradient; bias; deviation

идти под ~ go downhill

укомплектование staffing

укомплектовать complete

укомплектовывать *см.* укомплектовать

укорачивать shorten; contract

укоротить *см.* укорачивать

укороченный shortened; contracted; curtate; truncated

укрепить strengthen; reinforce; consolidate

укреплять *см.* укрепить

укрупнение enlargement, extension; consolidation; amalgamation; grand total

укрупненный enlarged; consolidated; total, grand total

укрупнить enlarge, extend; consolidate; amalgamate

укрупнять *см.* укрупнить

улавливать catch; detect; discern; locate

улитка spiral; helix

улиткообразный spiral, helical

уловить *см.* улавливать

улучшать improve, make better, ameliorate

улучшение improvement, amelioration; refinement; adaptation

улучшенный improved, ameliorated

улучшить *см.* улучшать

умение ability, skill; knowledge

уменьшаемое minuend

уменьшать reduce; diminish, decrease, lessen; abate; extenuate

уменьшение diminution, decrease, lessening; reduction; depreciation; abatement; extenuation; attenuation

~ прибыли при росте масштабов производства decreasing returns to scale, diseconomies of scale

~ размеров minification

уменьшить *см.* уменьшать

умеренно moderately

умеренный moderate; medium; temperate; mild

уместный proper; relevant; appropriate, pertinent; to the point

умножать multiply, increase; augment, enchance

умножающ//ий multiplying

~ ая машина multiplier

~ ее устройство *см.* ~ ая машина

умножение multiplication; product; increase, augmentation

~ слева pre-multiplication

~ справа post-multiplication

логическое ~ ANDing

умножить *см.* умножать

умозаключение conclusion, deduction; inference

умозрительный theoretical; speculative

умолчание default

умственный mental, intellectual

универсальность universality

универсальн//ый universal; general-purpose

~ ая цифровая вычислительная машина, УЦВМ general-purpose computer

уникальный unique

унитарный unitary

унификация unification

униформизация uniformization

уничтожаемый annihilable, effaceable

~ элемент effaceable element

уничтожать annihilate, obliterate; destroy; annul; crush; suppress

уничтожение cancellation; annihilation; destruction; extermination

уничтожить *см.* уничтожать

унция ounce

упадок decline, decay; depression

уплотнение condensation; contraction; consolidation; compression

уплотнить condense, compact

уплотнять *см.* уплотнить

упоминание mention, mentioning; reminder
упоминать mention; refer (to)
упомянуть см. упоминать
упорядочение ordering
~ по возрастанию ascending ordering
~ по убыванию descending ordering
полное ~ complete ordering, well-ordering
частичное ~ partial ordering
упорядоченност//ь ranking, rank; ordering
коэффициент корреляции ~ и rank correlation coefficient
ограниченный по ~ и order-bounded
упорядоченный ordered, put in order, regulated
линейно ~ linear ordered
упорядочивать regulate, put in order; arrange
упорядочить см. упорядочивать
употребить use; take, apply
употреблени//е use, usage; application
способ ~ я direction for use
употреблять см. употребить
управлени//е control, direction; management, administration; control circuit; government
~ базой данных database management
~ на расстоянии remote control
автоматизированное ~ computer control
автоматическое ~ automatic control
наука ~ я management science
программное ~ numerical control
управляемый controlled, directed; guided
управлять manage, administrate; control; handle; run; operate; govern
управляющий (сущ.) manager
управляющ//ий (прич.) control, controlling; pilot; guided; directing
~ ее воздействие control action
упражнение exercise
упростить simplify
упрощать см. упростить
упрощение simplification
упругий elastic, resilient
упущение neglect; omission
уравнени//е (выравнивание) equalization
уравнение (мат.) equation
~ в полных дифференциалах exact differential equation
~ в частных производных partial differential equation
~ движения motion equation
~ первой степени simple equation, first degree equation
~ прямой в отрезках equation of a stright line in intercept form

~-тождество identity equation

возвратное ~ reciprocal equation

квадратическое ~ quadratic equation

колебательное ~ wave equation

корреляционное ~ equation of correlation

линейно-разностное ~ linear difference equation

конечно-разностное ~ equation in finite differences

разностное ~ difference equation

совместно решаемые ~ я simultaneous equations

структурное ~ structural equation

уравнивать *(делать равным)* equate, equalize

уравнивать *(делать ровным)* smooth, level, even (out)

уравновешенный balanced, steady, in equilibrium, equilibrated; stable

уравновешивать put in equilibrium, balance, equalize, counterpoise; neutralize

уравнять *см.* уравнивать *(в знач. "делать равным")*

урегулирование regulating, regulation, regularization; settling; adjustment

урезать reduce; curtail; truncate; cut (off, down)

урезывать *см.* урезать

уров//ень level; layer; base; trend; standard

~ вложенности nesting level

~ жизни standard of living, level of living

~ значимости significance level, confidence level

~ критической области size of the critical region

~ фактора level of factor

вековой ~ secular trend

доверительный ~ confidence level

линия ~ ня level line, level curve

сетевой ~ network layer

уровнять *см.* уравнивать *(в знач. "делать ровным")*

усечение truncation, cutting off

усеченн//ый truncated, cut off; censored

~ конус frustrum of a cone

~ ая пирамида frustrum of a pyramid

усиленный reinforced, strengthened; amplified

~ закон больших чисел strong law of large numbers

~ план reinforced design

усилие effort; intensification; stress

усилитель amplifier; intensifier; gain element

ускорение acceleration; speeding up; enhancement

ускорить accelerate; speed up; hasten

ускорять *см.* ускорить

услови//е condition; term; requirement; specification

~я выполнения программы execution environment

~я дополняющей нежесткости complementary-slackness conditions

наихудшие ~я worst-case environment

начальное ~ initial condition

начальные ~я starting conditions

необходимое и достаточное ~ neccessary and sufficient condition

при ~и provided that

при прочих равных ~ях ceteris paribus, all other things beeing equal, if all other things remain constant

стартовые ~я *см.* начальные ~я

технические ~я specifications

условно on condition (that), under condition, conditionally; conventionally, by convention

~ оптимальный conventionally optimal; conditionally optimal

условность conditionality; convention, conventionality

условн//ый conditioned; agreed; relative; prearranged; conventional; conditional

~ экстремум constraint extremum

~ая вероятность conditional probability

~ое математическое ожидание conditional expectation

~ое среднее conditional mean

~ые знаки conventional signs, legend

усложнение complication

усложненный complicated

усложнить complicate

усложнять *см.* усложнить

услуг//а service

~и факторов производства services of factors of production, factor services

усовершенствование improvement; perfection; refinement; advance

усовершенствованный improved, perfected; adjusted

усовершенствовать improve, perfect; develop; refine

усомниться doubt

успех success; progress

~ рождает успех success breeds success

усреднение average, averaging; neutralization

усредненный averaged; neutralized

усреднить average

усреднять *см.* усреднить

устанавливать establish; set; ascertain

установить *см.* устанавливать

установка (*действие по глаг.* "устанавливать") installation, mounting; setting; ad-

justment putting, placing, arrangement
~ нуля zerro adjustment
~ режима mode setting
установка (*устройство*) apparatus; set
установка (*цель, ориентация*) aim, goal, object, purpose
целевая ~ goal
установившийся established; stationary; terminal; steady-state
установочный adjusting
устаревший obsolete; old; out of date, outdated, antique
устарелый *см.* устаревший
устный oral, verbal
~ счёт mental arithmetic
устойчивость stability, steadiness; balance; robustness
~ модели robustness of a model
~ решения stability of solution
статистическая ~ statistical regularity
устойчив//ый stable, firm, steady; robust
~ое равновесие stable equilibrium
~ое распределение stationary distribution
устранение removal; elimination
устранить remove; eliminate; reduce
устранять *см.* устранить
устремить direct, turn (to)
устремиться *см.* устремить
устремлять *см.* устремить
устремляться *см.* устремить
устройство (*действие по глаг. "устраивать"*) arrangement; organization; array
устройство (*оборудование, механизм*) equipment, device, unit, apparatus, system
~ ввода—вывода input-output device
~ распознавания recognizer
~, считывающее с ленты tape reader
~, считывающее с перфокарт perforated card reader
аналоговое ~ analog device
вводное ~ input unit
входное ~ input unit [device]
выводное ~ output unit
вычислительное ~ computer, computing device
делительное ~ divider
запоминающее ~ storage device, storage memory
запоминающее ~ с произвольной выборкой random-access memory, RAM
клавишное ~ keyboard unit
моделирующее ~ simulator
обслуживающее ~ server
печатающее ~ printer
постоянное запоминающее ~ read-only memory, ROM
программирующее ~ programmator
регистрирующее ~ logger
решающее ~ resolver

сканирующее ~ scanner
сравнивающее ~ comparator
считывающее ~ reader
читающее ~ *см.* считывающее ~

утвердившийся firmly established; consolidated; accepted

утвердить state; assert, affirm, maintain; contend; approve; confirm, sanction; predicate; prove

утверждать *см.* утвердить

утверждение assertion, statement, affirmation; confirmation, ratification; approval

утечка drain; leakage
~ мозгов brain drain

утилитаризм utilitarism

уточнение correction; refinement; revision; more precise definition; specification

утратить lose

утрачивать *см.* утратить

уход (*действие по глаг. "уходить"*) departure, leaving, drift
~ из системы logout

уход (*забота*) care

уход (*техническое обслуживание*) maintenance

ухудшать make worse, worsen; deteriorate

ухудшение deterioration, worsening; degradation

ухудшить *см.* ухудшать

участвовать participate (in), take part (in), be (in)

участок part, section; locality; lot, plot; position; region; cell; room

учение (*действие по глаг. "учить"*) studuing, learning; teaching

учение (*организованное знание*) doctrine, teaching

ученость learning, erudition

ученый (*сущ.*) scientist, scholar

учен//ый (*прил.*) learned, erudite; scientific; academic; trained;
~ая степень academic degree

учесть consider; take into account

учет record, recording; accounting
~ векселей discount, discounting

учитывать *см.* учесть

учить teach, instruct

учиться learn, study

учреждение (*действие по глаг. "учреждать"*) founding, estabishment, setting

учреждение (*организация*) estabishment, institution

ущерб damage; injury; detriment; harm; loss; prejudice; disadvantage, disbenefit
~ в результате действия экзогенных факторов externality
в ~ to the detriment of
без ~ а для ... without prejudice to ...

без ~ а для общности without loss of generality

уяснение elucidation, clarification

уяснить understand; clarify; explain; illustrate

уяснять *см.* уяснить

Ф

фаз//а phase, period
~ы цикла business-cycle phases
разность фаз phase difference

фазов//ый phase
~ сдвиг phase change, phase shift
~ое колебание phase oscillation
~ое пространство phase space
~ое состояние phase state
~ые координаты phase coordinates

файл file
~ исходных данных input file
общедоступный ~ public file
персональный ~ private file
рабочий ~ scratch file

факт case; fact

фактическ//ий actual; factual; real; virtual
~ое число actual number, factual number

фактор factor; coefficient
~ -группа factor group, quotient group
~ы производства factors of production
простой ~ prime factor, common factor
управляемый ~ controlled factor
человеческий ~ human factor

факториал factorial

факторизация factorization

факторный factor, factorial
~ анализ factorial analysis

факторосберегающий factor-saving

фальшивый false; spurious; artificial; imitation; insincere

феномен phenomenon (*мн. ч.* phenomena)

фетишизм fetishism
товарный ~ commodity fetishism

фигура figure; configuration
геометрическая ~ similar figure

фигуральный figurative, metaphorical, tropical

фигурировать appear, figure; play part (of)

фигурны//й figured; curly
~е скобки braces, curly brackets

физический physical

фиксированн//ый fixed; specified; constant
~ое распределение specified distribution

фиксировать fix, hold fixed; settle, state; arrange; stipulate

фиктивн//ый dummy; imaginary; fictitious

~ая величина fictitious [dummy] variable

фильтр filter; strainer

~ Калмана Kalman filter

~ с запаздыванием filter with time delay, lagging filter

~ с упреждением predicting filter

противопомеховый ~ noise filter

сложный ~ total filter

фильтрация filtration, filtering

фильтровать filtrate, filter,

финальный final; limiting; ultimate

финансовый finance; financial; fiscal

финансы finances

фирма firm; house

фискальн//ый fiscal

~ая политика fiscal policy

флуктуация fluctuation

фокус focus; focal; point

фон background; hum

фонд fund; asset; stock

~ накопления accumulation fund

~ потребления consumption fund

непроизводственные ~ы nonproductive assets

оборотные ~ы current assets, floating assets, working assets

основные ~ы capital assets, fixed assets

переоценка ~ов revaluation of assets

производственные ~ы production assets, productive assets

фондирование funding, allocation of inputs

фондовооруженность труда capital-labour ratio

фондоемкость продукции capital-ouput ratio, capital intensity

фондоотдача output-capital ratio, efficiency of capital, yield of fixed assets

фора odds

форма form; format; shape; quantic

~ символа character shape

~ типа меню menu format

аналитическая ~ analytic form

внешняя ~ exterior form

формализация formalization

формализм formalism

формализовать shape, give form (to); formalize

формально formally, nominally, pro forma

формальность formality

формальный formal

формат format; size

форматирование formatting

формация formation; structure

формировать form; mould; raise

формула formula (*мн. ч.* formulae, formulas)
  ~ **приведения** reduction formula
  приведённая ~ reduced formula

формулирование formulating, formulation

формулировать formulate

формулировка (*формула*) formula; statement; wording

формулировка (*способ выражения*) formulation, formulating

формуляр registry card, registry list, datacard

форсировать force; speed up

фортран FORTRAN (formulae translating)

фрагмент fragment

фрагментарный fragmentary

фрагментация fragmentation

фраза phrase; sentence

фракционный fractional, fractionary, fractionating; differential

фракция fraction; groupe

фронт edge; front
  передний ~ leading edge

фронтальный frontal, front

фундамент foundation, base

фундаментальный fundamental, basic; solid, substantial; main

фундированный grounded (on), based (on)

функционал functional

функциональн//ый functional
  ~**ая зависимость** functional dependence
  ~**ая связь** functional connection, functional relation

функционирование operation; functioning

функционировать function; operate

функция function
  ~ **благосостояния** welfare function
  ~ **времени** time function
  ~ **выгоды** utility function
  ~ **выигрыша** payoff function
  ~ **выпуска** output function
  ~ **истинности** truth function
  ~ **множеств** set function
  ~ **мощности** power function
  ~ **надёжности** reliability function
  ~ **ответа** response function
  ~ **отклика** *см.* ~ **ответа**
  ~ **плотности** density function
  ~ **полезности** utility function
  ~ **потерь** loss function
  ~ **потребления** consumption function
  ~ **предложения** supply function
  ~ **принадлежности** membership function
  ~ **распределения** distribution function
  ~ **расходов** cost function
  ~ **решения** decision function
  ~ **риска** risk function
  ~ **скачков** step function, jump function

~ следования succession function
~ спроса demand function
~ соответствия tradeoff function
~ стоимости *см.* ~ расходов
~ управления control function
~ частоты frequency function
~ штрафов penalty function
~ элементов element function
автокорреляционная ~ autocorrelation function
аддитивная ~ additive function
вероятностная ~ distribution function, probability function
весовая ~ weight function, weighting function
вогнутая ~ concave function
вспомогательная ~ auxiliary function
выборочная ~ sample function
выпуклая ~ convex function
гамма- ~ gamma-function
классифицирующая ~ discriminant function, discriminator function
кусочно-линейная ~ piecelinear function
исключающая ~ discard function
линейная ~ linear function
линейно нарастающая ~ ramp function

нелинейная ~ nonlinear function
неоднородная ~ nonhomogeneous function
непрерывная ~ continuous function
неявная ~ implicit function
нулевая ~ null function, zero function
нуль- ~ *см.* нулевая
обобщенная ~ generalized function
обратная ~ inverse function
однородная ~ homogeneous function
опорная ~ support function
оценочная ~ estimator
передаточная ~ transfer function
показательная ~ exponential function
пороговая ~ threshold function
преобразующая ~ *см.* передаточная
причинная ~ source function
производственная ~ production function
производящая ~ generating function
произвольно взятая ~ arbitrary function
разрывная ~ discontinuous function
решающая ~ *см.* ~ решения
скачкообразная ~ jump function

сложная ~ complex function
случайная ~ random function, aleatory function
собственная ~ eigenfunction
совместная ~ joint function
согласующая ~ buffer function
спектральная ~ spectral function
степенная ~ power function
ступенчатая ~ step function
табличная ~ table function
тестовая ~ test function
тригонометрическая ~ trigonometric function
характеристическая ~ characteristic function
хребтовая ~ ridge function
целевая ~ objective function, aim function, target function, criterion function, purpose function, entire function, integral function
целевая ~ потребления objective consumption function
эмпирическая ~ fitted function
явная ~ explicit function

Х

хаотический random; chaotic
хаос chaos
хаотичный *см.* хаотический
характер character, disposition, temper; nature
характеризовать characterize; specify; define; describe

характеристика (*характерные качества, свойства, черты*) characteristic; property; index; character; measure; degree; performance
~ выборки sample characteristic, statistic
~ эксцесса mesure of excess
временная ~ time response
выборочная ~ statistic
динамическая ~ dynamic characteristic
импульсная ~ sampling characteristic
оперативная ~ operating characteristic
переходная ~ transient performance
рабочая ~ *см.* оперативная ~
сквозная ~ through characteristic
фазовая ~ phase response
характеристическ//ий characteristic
~ая функция characteristic function
~ое число latent root
характерно (*нареч.*) characteristically
характерно (*предик. безл.*) characteristic
~, что ... it is characteristic that ...
характерный typical; characteristic; distinctive
хвост tail, end; remainder; brust
~ распределения tail [remainder] of the distribution

проблема "~а" end effect

Хи-квадрат chi-square

~ -распределение chi-square distribution

ход motion, run; move; movement; speed; cource; entry; operation; progress

~ мыслей train of thought

задний ~ reverse motion, reverse run

свободный ~ free play, free run

случайный ~ chance move

хозрасчет self-accounting, economic calculation, economic accountability, economic accounting, self-supporting basis

хозяйственный economic, business

~ расчет *см.* хозрасчет

хозяйство economy; farm

атомистическое ~ atomistic economy

домашнее ~ household

замкнутое ~ closed economy

плановое ~ planned economy

рыночное ~ market economy

централизованно управляемое ~ command-directed economy

хорда chord

~ дуги span

хордовый chord

хранение storage; conservation; keeping, custody

хранить keep; store; preserve

хребет crest; ridge; spine

хроматическ//ий chromatic

~ое число chromatic number

хромать limp; be poor, be far from perfect

хронометраж time-keeping, time-study

хронометрирование exact timing

хронометрировать time

хронометрия chronometry

худший the worst; worse; inferior

хуже worse

Ц

целев//ой specific; purposeful

~ая комплексная программа goal-related program

~ая установка aim, purpose

~ая функция objective function, aim function, target function, criterion function, purpose function, entire function, integral function

~ая функция потребления objective consumption function

~ые нормативы target normals

целенаправленн//ый purposeful; single-minded

~ая система purpose system, goal-seeking system

целесообразность appropriateness; advisability, expediency

целесообразный advisable, expedient

целеустремленность purposefulness

целеустремленный goal-seeking, purposeful

целиком entirely; wholly; as a whole; on the whole; in the large

цело//е (*сущ.*) integer; the whole
   единое ~ unit
   в ~ом in the large, on the whole, as a whole

целостност//ь completeness; entirety; integrity; wholeness
   область ~и integral domain

целостны//й integral
   статистика ~х величин enumerative statistics

целочисленн//ый integral, integer, integer-value
   ~ое программирование integer programming

цел//ый whole, entire; integral; intact, safe
   ~ое число integer

цел//ь aim, purpose, target, goal, object, objective, end, use; target, mark
   в ~ях with a view to
   единство ~ей identity of purpose
   с этой ~ью to this end, with that end

цельный whole; unified; total; entire

цен//а cost; price; value, worth
   ~ единицы unit price, price per unit
   ~ игры value of game
   ~, максимизирующая прибыль profit maximizing price
   ~ насыщения рынка satiaty price
   ~, предлагаемая покупателем bid price, demand price, buyer´s price
   ~ предложения supply price
   ~ производства price of production
   ~ равновесия equilibrium price
   ~, требуемая продавцом asked price, supply price, seller´s price
   ~ ФОБ F.O.B. price, free on board price
   ~ы базового периода base-period prices
   ~ы на сельскохозяйственную продукцию farm prices
   ~ы оптимального плана shadow prices
   ~ы сбалансированности рынка market-clearing prices
   ~ы, устанавливаемые рынком market-set prices
   анализ ~ы cost analysis
   базовая ~ base price
   бюджет рациональных цен rational-point budget
   вектор цен price vector
   война цен price war
   в постоянных ~ах constant price
   в текущих ~ах current price
   денежная ~ absolute price, money price

динамика цен price behavior, price movement, behavior of prices
договорная ~ transaction price, negotiated price, commercial price
заводская ~ net price
заготовительная ~ procurement price
индекс цен price index
индивидуальные ~ы discriminatory prices
искусственно поддерживаемая ~ pegged price
колебание цен price fluctuation, price variation
конкурентные ~ы competitive prices
контроль над ~ами price control, fixing price
лидерство в ~ах price leadership
льготная ~ privilege price, reduced price
максимальная ~ ceiling price
масштаб цен standard of price
мировые ~ы world prices
монопольная ~ administered price
ножницы цен price scissors
оптовая ~ wholesale price, producer(s) price
относительные ~ы relative prices
паритетные ~ы parity prices
поддержание цен price maintenance, price support, price underpinning
прейскурантная ~ list price
продажная ~ sale price
различия в уровнях цен price differentials
размер колебаний цен price range
расчетная ~ accounting price, book price
регулирование цен *см.* контроль над ~ами
регулируемая ~ *см.* монопольная ~
розничная ~ retail price, consumer price
ряды индексов цен price index series
самая низкая ~ bottom price
сговор о ~ах price ring
система цен price system
снижение цен price cutting
справедливая ~ fair price, equitable price
стабилизация цен price stabilization
уровень цен price level, price plateau, standard of price
устойчивая ~ firm price, fixed price
фабричная ~ *см.* заводская ~
хозрасчетная ~ self-financing price
ценз census; qualification
ценить value, estimate; appreciate
ценность value

ценный valuable
ценов//ой price
  ~ая конкуренция price competition
ценообразование pricing, price formation, price determination
  затратное ~ cost-based pricing
центр center; midpoint; vortex point
  ~ управления control center
  вычислительный ~ computer center
  информационно-вычислительный ~ information center
  информационный ~ documentation center
централизация centralization
централизм centralism
  демократический ~ democratic centralism
централизовать centralize
центральны//й central; metropolitan
  ~е власти central authorities
центрировать center; centralize
центробежный centrifugal
центростремительный centripetal
цепн//ой chain
  ~ая дробь continued fraction
  ~ая линия catenary
  ~ое правило chain rule, chain method
цепочка chain; circuit; loop; line

~ рассуждений reasoning chain
~ символов character string
цепь см. цепочка
  ~ Маркова Markov chain
  ~ обратной связи feedback path
  логическая ~ logical circuit
  разомкнутая ~ open circuit, open loop
цикл cycle; series; loop
  вложенный ~ nested loop
  деловой ~ business cycle, trade cycle
циклическ//ий cyclic, cyclotomic, cyclical
  ~ая безработица cyclical unemployment, demand-deficient unemployment
  ~ие колебания cyclical fluctuations
циклоид cycloid
цикломатическ//ий cyclomatic
  ~ое число cyclomatic number
цилиндр cylinder; drum
цилиндрический cylindrical, cylinder; tube; tubular
циркулировать circulate
циркуль compasses; dividers
циркуляр circular
циркуляция circulation; gyration
цитата quotation, citation
цифра figure; number; digit; cipher; numerical sign; numeral
  восьмеричная ~ octal digit

двоичная ~ binary digit
десятичная ~ decimal digit
достоверная ~ valid digit
значащая ~ significant figure
контрольная ~ planned figure, scheduled figure, check digit

цифров//ой digital; numerical
~ая вычислительная машина digit computer

Ч

частица particle; part, fraction; grain

частично partially, partly
~ дифференциальный partial differential
~ рекурсивный partially recursive, partial recursive

частичн//ый partial; in part
~ая совокупность sample, sampling population
~ое повторение fractional replication
~ое равновесие partial equilibrium

частное (*сущ.*) quotient

частност//ь detail, particularity
в ~и in particular, specifically

частн//ый partial; particular; special; private; marginal
~ случай special case
~ая производная partial derivative
~ая собственность private property
~ое значение particular value
~ое распределение marginal distribution
~ое решение particular solution, partial solution
уравнение в ~ых производных partial differential equation

часто often, frequently

частограмма periodogram

частота frequency, frequency ratio
~ затухания attenuation frequency
~ класса cell frequency, class frequency
~ ошибок error rate
~ повторений repetition rate, repetition frequency

частотность frequency of occurence

частотн//ый frequency
~ая интерпретация frequency interpretation
~ая область frequency domain

частый frequent; rapid, quick, fast

част//ь part; share, portion; department; unit; side
~ массива subarray
большей ~ью usually, for the most part
интегрировать по ~ям integrate by parts

часы clock; watch
~ реального времени real-time clock

человек man; human being; person

человеко-машинн//ый man-machine
  ~ая система man-machine system

человеческий human
  ~ капитал human capital

чередование interleaving; alternation

чередовать alternate

чередоваться *см.* чередовать

черта (*линия, штрих*) line; stroke; hyphen
  ~ дроби solidus
  косая ~ slash
  обратная косая ~ backslash

черта (*свойство, признак*) streak; feature
  в общих ~х roughly, generally, in a general way

чертеж drawing; figure; diagram; draft; sketch

чертить draw; sketch; trace; describe

черточка little line, dash; hyphen

черчение drawing; designing

чет even number, even
  ~ и нечет odd and even

четверть one fourth, quarter; phase
  ~ круга quadrant

четкий clear; precise; accurate

четность parity

четный even

четырех- four-, tetra-, quadric-

четырехгранник tetrahedron

четырехугольник quadrangle

численно numerically

численность number; quantity; strength; size; count

численны//й numerical, numeral
  ~е методы оптимизации numerical optimization technique

числитель numerator

числительное numeral, number
  количественное ~ cardinal number
  порядковое ~ ordinal number

числить count, reckon

числ//о number; quantity; integer; date
  ~ двойной длины double-length number
  ~ измерений dimension
  ~ преобладаний number of exceedances
  ~ разрядов register length
  ~ со знаком signed number
  ~ с плавающей запятой floating-point number
  ~ с фиксированной запятой fixed-point number
  ~ степеней свободы number of degree of freedom
  a-ичное ~ a-nary number
  восьмеричное ~ octal number
  двоично-десятичное ~ binary-code decimal
  двоичное ~ binary number
  десятичное ~ decimal

натуральное ~ positive integer, natural number

многоразрядное ~ manydigit number

первоначальные ~а cardinal numbers; basis

простое ~ prime number

случайное ~ random number

шестнадцатиричное ~ hexadecimal number

числов//ой numerical, number

~ показатель index number

~ая модель numerical model

~ая прямая number line, number axis, real axis

чист//ый clean; neat; pure; straight; net, clear; mere; sheer; blank

~ доход net income

~ продукт net product

~ая стратегия pure strategy

~ые и хозяйственные отрасли pure and administrative sectors

~ые капитальные вложения net investment

чип chip

член (*участник*) fellow; member

член (*составная часть*) number, term

~ пропорции proportional, term of a proportion

крайний ~ extreme

остаточный ~ remainder term

поправочный ~ correction term

средний ~ mean, proportional mean

членить divide into parts; articulate

членство membership

чрезвычайный extraordinary; extreme

чрезмерный extreme; excessive
~ спрос excess demand

чтение reading

чувствительность sensitivity; apprehensibility, perceptibility

чувствительный sensible, apprehensible, perceptible, felt

чужеродност//ь alienation
коэффициент ~и coefficient of alienation

чужеродный alien; stranger

Ш

шаблон mould; pattern, templet; model; cliché

шаг step; stride; pace; tread, footstep; iteration; pitch

~ перфорации feed pitch

~ сетки array pitch

~ таблицы spacing of a table

шанс chance

шар ball; balloon; sphere

земной ~ terrestrial globe, the globe

пробный ~ trial balloon

шаровой spherical; globe, globular

шарообразный sphere-shaped, spherical

шероховатый rough, coarse
шести- six-, hex-, sex-
шестигранник hexahedron
шестигранный hexahedral
шестизначный six-figure
шестикратный sextuple
шестиугольник hexagon, sex-angle
шестиугольный hexagonal
шина bus; tyre, tire
~ главного процессора host bus
ширина width, breadth; range
~ полосы band width
~ связи *см.* ~ полосы
широк//ий wide; broad; extensive; ample; widespread
в ~их размерах on a large scale
в ~ом смысле слова in the broad sense of the word
широта width; breadth; latitude; range
~ выборки range, range of the sample
~ распределения range of distribution
шифр cipher, cypher; code
шифратор coder, encoder
шифрование encoding
шифровать encipher
шкала scale; unit
~ заработной платы wage brackets
~ предпочтений scale of preference
равномерная ~ evenly divided scale, linear scale

сравнительная ~ scale of comparison
шкалирование scaling
шкалировать scale
шкальный scale
школа school
австрийская ~ Austrian school
кэмбриджская ~ Cambridge school
манчестерская ~ Manchester school
шрифт print, type
жирный ~ bold type, Roman type
курсивный ~ italics, italic type
матричный ~ matrix font
штамп stamp; punch; die; plate; mark; cliché
штат (*административно-территориальная единица*) state
штат (*состав сотрудников*) staff, establishment
штраф fine, penalty
штрафн//ой penal; penalty
~ая функция penalty function
штрих (*черта*) prime; accent; stroke; dash line
штрих (*частность, деталь*) feature
штриховать shade, hatch
шум noise
белый ~ white noise
собственный ~ basic noise

Щ

щель aperture; gap; chink; chap; slit, slot
щетка brush
щит board, shield, guard
щуп feeler, probe, test rod
щупать feel, touch; probe

Э

ЭВМ computer, electronic computer
 ~ пятого поколения fifth generation computer, FGC
 большая ~ mainframe
 главная ~ host computer
 малая ~ small computer
 настольная ~ desk computer
 обучающая ~ training computer
 персональная ~ personal computer, PC
 профессиональная ~ professional computer
 сверхбыстродействующая ~ ever-faster computer
 специализированная ~ dedicated computer
 универсальная ~ mainframe
эволюция evolution
эволюционный evolutionary
 ~ процесс evolutionary process
эвристика heuristics
эвристический heuristic
эвроритмическ//ий heuristic-algorithmic
 ~ая модель heuristic-algorithmic model
эквивалент equivalent
эквивалентност//ь equivalence
 отношение ~и equivalence relation
эквивалентный equivalent
эквидистанта equidistant curve
эквифинальность equifinality
экзамен examination, exam
экзаменационный examination
экзаменовать examine
экземпляр copy; specimen; sample; piece; instance
 ~ записи record instance
 основной ~ master copy
экзогенн//ый exogenous
 ~ фактор exogenous factor
 ~ая величина см. ~ фактор
 ~ая переменная exogenous variable
эклиптика ecliptic
эклиптический ecliptic
экологический ecological
эколого-экономический ecologico-economic
экология ecology
эконометрика econometrics
эконометрический econometric
экономика (*научная дисциплина*) economics
 ~ благосостояния welfare economics

~ домашнего хозяйства home economics
~ предприятия economics of enterpise
демографическая ~ demoeconomy
математическая ~ mathematical economics
прикладная ~ applied economics

экономика (*хозяйственная жизнь*) economy
~, основанная на частном предпринимательстве private enterprise economy, business economics
~ с отраслевой системой управления economy managed along branch lines
бездефицитная ~ economy of abundance
денежная ~ money economy, pecuniary economy
дефицитная ~ economy of scarcity, shortage economy
замкнутая ~ closed economy
застойная ~ sick economy, stagnant economy
мировая ~ world economy
открытая ~ open economy
развитая ~ advanced economy
рыночная ~ market economy, market-directed economy, money economy
самообеспечивающаяся ~ self-sustained economy, self-sufficient economy
смешанная ~ mixed economy
централизованно управляемая ~ centrally controlled economy, command economy

экономико-математическ//ий economico-mathematical
~е методы economico-mathematical methods

экономико-статистический economico-statistical

экономист economist

экономить economize

экономическ//ий economic
~ анализ economic analysis
~ детерминизм economic determinism
~ климат economic environment
~ кризис economic crisis
~ объект economic unit, entity
~ расчет economic calculus
~ рост economic growth
~ строй economic system, economic order
~ цикл economic cycle, business cycle
~ая активность economic activity
~ая выгода economic benefit
~ая география economic geography
~ая заинтересованность economic concern
~ая кибернетика economic cybernetics
~ая личность economic man
~ая мощь economic might

~ая наука economics

~ая самостоятельность economic independence

~ая система *см.* ~ строй

~ая статистика statistical economics

~ая теория economics

~ая теория предприятий economic of enterprise

~ие блага economic goods

~ие вопросы economic affairs

~ие стимулы economic incentives, economic motivation

~ое благосостояние economic welfare

~ое поведение economic behavior

~ое равновесие economic equilibrium

~ое развитие и социальный прогресс economic advancement and social progress

~ое расширение economic expansion

~ое явление economic event, economic phenomenon

дискриптивная ~ая теория positive economics, descriptive economics

классическая ~ая теория classical economics

неоклассическая ~ая теория neo-classical economics, neo-classical economics

нормативная ~ая теория normative economics

описательная ~ая теория *см.* дискриптивная ~ая теория

социально-~ socio-economic

экономичный economic

экономия economy

~ на удельных затратах economy of scale

~, обусловленная ростом масштабов производства *см.* ~ на удельных затратах

~ от масштаба *см.* экономия на удельных затратах

экран screen, shield; barrier

поглощающий ~ absorbing barrier

сенсорный ~ touch screen, touch-sensitive screen

экс- ex-

экскурс excursus, digression

эксперимент experiment; test; trial

крупномасштабный экономический ~ large-scale economic experiment

экспериментальны//й experimental

~е данные test data, experimental data

экспериментатор experimenter, experimentalist

экспериментирование experimentation

экспериментировать experiment

эксперт expert, specialist

экспертиза expert opinion; consultation; examination

эксплуатация exploitation

эксплуатировать exploit; operate, run

экспозиция expositon; exposure

экспонат exhibit

экспонент exponent; index

экспонента exponential curve

экспоненциал exponential

экспоненциальн//ый exponential

~ая кривая exponential curve

~ое затухание exponential decay

~ое сглаживание временных рядов exponential series smoothing

экспонирование exposure

экспонировать exhibit; expose

экспорт export; exportation

экстенсивный extensive, extensional

~ рост extensive growth

экстенсиональный extensional

экстрагировать extract

экстраполирование extrapolation

~ временного ряда time-series extrapolation

экстраполировать extrapolate

экстраполяционный extrapolation

экстраполяци//я extrapolation

линейная ~ linear extrapolation

методы ~и extrapolation techniques

экстрема extreme, extremal, extremum

экстремаль extremal, extremum

экстремальн//ый extreme, extremal

~ая задача extremal problem

экстремум extremum

экстренны//й emergency; urgent; extraordinary, special

~е меры emergency measures

эксцентриситет eccentricity

эксцентричный eccentric, eccentricity

эксцесс kurtosis, excess; flatness

эластичност//ь elasticity

~ замещения ресурсов elasticity of input substitution

~ отрезка кривой arc elasticity

~ предложения elasticity of supply

~ спроса elasticity of demand

~ спроса от доходов income elasticity of demand

~ спроса от цен price elasticity of demand

~ функции function elasticity

единичная ~ unit elasticity, unitary elasticity

количественное измерение ~и numerical measurement of elasticity

перекрестная ~ cross-elasticity

полная ~ perfect elasticity

точечная ~ point elasticity

частичная ~ partial elasticity, cross-elasticity

эластичн//ый elastic, flexible
~ спрос elastic demand
~ое предложение elastic supply

электронн//ый electronic, electron
~ая вычислительная машина computer, electronic computer

элемент element; cell; unit; component; item; member
~ вероятности probability element
~ выборки sample unit
~ данных data item
~ задержки delay component
~ множества set member
~ набора member
~ последовательности sequent
~ы генеральной совокупности population numbers, population values
запоминающий ~ storage cell
функциональный ~ functor

элементарн//ый elementary; primary; pertaining to element
~ое событие elementary event, primary event

элиминация elimination
элиминировать eliminate
элиминируемый eliminable, removable
элиминирующий eliminating
эллипс ellipse, ellipsis
~ рассеяния ellipse of concentration, concentration ellipse

эллипсоид ellipsoid
эмбарго embargo
эмержентный emergent
эмиссионный emissive, emission
эмиссия emission
эмпиризм empiricism
эмпирическ//ий empirical, empiric
~ое исследование empirical study

эндогенн//ый endogenous
~ технологический прогресс endogenous technological progress
~ фактор endogenous factor
~ая величина см. ~ фактор
~ая переменная endogenous variable, induced variable

энергетический power; energy
энергичны//й energetic, vigorous
~е меры drastic measures

энерги//я energy
закон сохранения ~и law of conservation of energy
затрата ~и energy consumption
кинетическая ~ kinetic energy
потенциальная ~ potential energy

энергозависимость volatility
энтропийный entropy
энтропи//я entropy

коэффициент ~и entropy coefficient

энн//ый unspecified; n
  в ~ой степени to the n-th power, to the n-th degree

энтузиазм enthusiasm

эпицентр epicenter

эпоха epoch; age; era

эра era

эскиз outline, draft; sketch; study

эталон standard; model

эталонный standard

этап stage; step

эффект effect; result, positive result
  ~ заменяемости substitution effect
  ~ мультипликации multiplication effect
  внешний ~ externality, spillover effect, neighbourhood effect
  вредный ~ disutility
  концевой ~ end effect
  побочный ~ spillover effect
  пороговый ~ threshold effect

эффективност//ь effectiveness, efficiency; efficacy, efficaciousness
  ~ факторов производства factors efficiency
  падение ~и из-за действия внешних факторов external diseconomies
  снижение ~и diseconomy
  снижение ~и от чрезмерного увеличения масштаба производства diseconomies of scale

эффективн//ый effective, efficient, efficiency, efficacious
  ~ спрос effective demand
  ~ая технология effective technology
  ~ая точка effective point

эхо echo
  ~-отображение echoing

эшелон echelon, echelon grating; line

Ю

юбилей anniversary, jubilee

юг south

Я

явление appearance; occurrence; phenomenon (*мн. ч.* phenomena); emergence; event

явно (*нареч.*) explicitly, evidently, obviously, manifestly, parently

явно (*предик. безл.*) it is evident, it is clear, it is obvious, it is manifest

явный explicit, evident, clear, obvious; manifest, parent

ядро core; kernel; nucleus; main body; shot, ball
  ~ игры kernel of game
  групповое ~ group germ

интегрированное ~ integrated kernel

язык language, tongue; setting
~ высокого уровня higher-level language
~ моделирования simulation language
~ низкого уровня lower-level language
~ постановки задач problem-statement language, PSL
~ программирования programming language
~ системы искусственного интеллекта AI language
алгебраический ~ algebraic language
алгоритмический ~ algorithmic language
базовый ~ core language
входной ~ input language
машинный ~ machine language
предметный ~ subject language
программный ~ *см.* ~ программирования
стандартизованный ~ typed language
эталонный ~ reference language

яйцевидный egg-shaped; oviform, oval

яйцеобразный *см.* яйцевидный

яма hole; pit

ярлык tag; label

ячеечный cell-like, cell; tessera, tesseral

ячейка cell; nucleus; tessera
~ памяти ЭВМ storage cell

ящик box; chest; drawer; container
~ Эджуорта Edgeworth box
черный ~ black box

АНГЛИЙСКИЕ МОНЕТЫ И ДЕНЕЖНЫЕ ЕДИНИЦЫ
ENGLISH MONEY

фартинг	farthing
полупенни	halfpenny
пенни	penny
двухпенсовик	twopence
трехпенсовик	threepence
четырехпенсовик	fourpence
шестипенсовик	sixpence
шиллинг	shilling
флорин	florin
полукрона	halfcrown
крона	crown
фунт стерлингов	pound sterling
гинея	guinea

2 фартинга = 1 полупенни
4 фартинга = 1 пенни
2 пенни = 1 двухпенсовик
3 пенни = 1 трехпенсовик
4 пенни = 1 четырехпенсовик
6 пенни = 1 шестипенсовик
12 пенни = 1 шиллинг
2 шиллинга = 1 флорин
1 флорин 6 пенни = 1 полукрона
5 шиллингов = 1 крона
20 шиллингов = 1 фунт стерлингов
21 шиллинг = 1 гинея

МОНЕТЫ И ДЕНЕЖНЫЕ ЕДИНИЦЫ США
U.S. MONEY

цент	cent
никель	nickel
дайм	dime
квартер	quarter
полудоллар	half-dollar
доллар	dollar
полуорел	half eagle

орел	eagle
двойной орел	double eagle

5 центов = 1 никель
10 центов = 1 дайм
25 центов = 1 квартер
50 центов = 1 полудоллар
100 центов = 1 доллар
5 долларов = 1 полуорел
10 долларов = 1 орел
20 долларов = 1 двойной орел

МЕТРИЧЕСКАЯ СИСТЕМА МЕР И ВЕСОВ
METRIC SYSTEM
OF WEIGHTS AND MEASURES

Меры длины
Linear measure

миллиметр	millimeter
сантиметр	centimeter
дециметр	decimeter
метр	meter
декаметр	dekameter
гектометр	hectometer
километр	kilometer

10 миллиметров = 1 сантиметр
10 сантиметров = 1 дециметр
10 дециметров = 1 метр
10 метров = 1 декаметр
10 декаметров = 1 гектометр
10 гектометров = 1 километр

Меры площади
Square measure

10 кв. миллиметров = 1 кв. сантиметр
100 кв. сантиметров = 1 кв. дециметр
100 кв. дециметров = 1 кв. метр
100 кв. метров = 1 кв. декаметр
100 кв. декаметров = 1 кв. гектометр
100 кв. гектометров = 1 кв. километр

Меры объема твердых тел
Cubic measure

1000 куб. миллиметров = 1 куб. сантиметр
1000 куб. сантиметров = 1 куб. дециметр
1000 куб. дециметров = 1 куб. метр

Меры объема жидких тел
Liquid measure

миллилитр	milliliter
сантилитр	centiliter
децилитр	deciliter
литр	liter
декалитр	dekaliter
гектолитр	hectoliter
килолитр	kiloliter

10 миллилитров = 1 сантилитр
10 сантилитров = 1 децилитр
10 децилитров = 1 литр
10 литров = 1 декалитр
10 декалитров = 1 гектолитр
10 гектолитров = 1 килолитр

Меры веса
Weights

миллиграмм	milligram
сантиграмм	centigram
дециграмм	decigram
грамм	gram
декаграмм	dekagram
гектограмм	hectogram
килограмм	kilogram
центнер	quintal
тонна	ton

10 миллиграммов = 1 сантиграмм
10 сантиграммов = 1 дециграмм
10 дециграммов = 1 грамм

10 граммов = 1 декаграмм
10 декаграммов = 1 гектограмм
10 гектограммов = 1 килограмм
100 килограммов = 1 центнер
10 центнеров = 1 тонна

МОНЕТНЫЕ (ТРОЙСКИЕ) МЕРЫ ВЕСА
TROY WEIGHT

гран	grain
пеннивэйт	pennyweight
унция	ounce
фунт	pound

24 грана = 1 пеннивэйт
20 пеннивэйтов = 1 унция
12 унций = 1 фунт

ОСНОВНЫЕ ЕДИНИЦЫ
В АНГЛИЙСКОЙ СИСТЕМЕ МЕР
И В СИСТЕМЕ МЕР США

Измеряемый объект	Единица	Значение в метрической системе	
		Англия	США
вес	фунт	0,45359243 кг	0,45359243 кг
	гран	0,0648 г	0,0648 г
длина	ярд	0,91439841 м	3600/3937 м
объем:			
сыпучих тел	бушель	36,3677048 л	35,2383 л
жидкостей	галлон	4,5459631 л	3,785332 л

АНГЛИЙСКАЯ СИСТЕМА МЕР ВЕСА
AVOIRDUPOIS WEIGHT

гран	grain
драхма	dram, drachm
унция	ounce
фунт	pound
стоун	stone

четверть США	U.S. quarter
британская четверть	British quarter
короткий центнер	short hundredweight
короткая тонна	short ton
длинная тонна	long ton, gross ton

27 11/32 грана = 1 драхма
16 драхм = 1 унция
16 унций = 1 фунт
14 фунтов = 1 стоун
25 фунтов = 1 четверть США
28 фунтов = 1 британская четверть
100 фунтов = 1 короткий центнер
2000 фунтов = 1 короткая тонна
2240 фунтов = 1 длинная тонна

АПТЕКАРСКИЕ МЕРЫ ВЕСА
APOTHECARIES' WEIGHT

гран	grain
скрупул	scruple
драхма	dram, drachm
унция	ounce
фунт	pound

20 гранов = 1 скрупул
3 скрупула = 1 драхма
8 драхм = 1 унция
12 унций = 1 фунт

МЕРЫ ДЛИНЫ
LINEAR MEASURE, MEASURES OF LENGTH

мил	mil
дюйм	inch
хэнд (ладонь)	hand
спэн (пядь)	span
фут	foot
ярд	yard
род	rod
пол	pole
перчь	perch
фурлонг	furlong
английская миля	statute mile

1000 милов = 1 дюйм
4 дюйма = 1 хэнд
9 дюймов = 1 спэн
12 дюймов = 1 фут
3 фута = 1 ярд
5,5 ярда = 1 род = 1 пол = 1 перчь
40 родов = 1 фурлонг
8 фурлонгов = 1 английская миля

МОРСКИЕ МЕРЫ ДЛИНЫ
MARINER'S MEASURE

фут	foot
британский кабельтов	British cable
кабельтов США	U.S. cable
фатом (морская сажень)	fathom
морская миля	nautical mile
адмиралтейская морская миля	admiralty nautical mile
лига	league

6 футов = 1 фатом
608 футов = 1 британский кабельтов
720 футов = 1 кабельтов США
6076,1033 фута = 1 морская миля
6080 футов = 1 адмиралтейская морская миля
3 морских мили = 1 лига

ТОПОГРАФИЧЕСКИЕ МЕРЫ
SURVEYOR'S MEASURE

дюйм	inch
линк, звено землемерной цепи	link
инженерный чейн, инженерная цепь	engineers' chain
чейн Гюнтера, цепь Гюнтера	Gunter's chain

7,92 дюйма = 1 линк
100 линков = 1 чейн Гюнтера
100 футов = 1 инженерный чейн

МЕРЫ ПЛОЩАДИ
SQUARE MEASURE

круговой мил	circular mil
круговой дюйм	circular inch
квадратный дюйм	square inch
квадратный фут	square foot
квадратный ярд	square yard
квадратный род	square rod
квадратный чейн Гюнтера	square Gunter's chain
акр	acre
квадратная миля	square mile
тауншип	township

0,7854 кв. мила = 1 круговой мил
1 млн круговых милов = 1 круговой дюйм
144 кв. мила = 1 кв. фут
9 кв. футов = 1 кв. ярд
30,25 кв. ярда = 1 кв. род
16 кв. родов = 1 кв. чейн Гюнтера
160 кв. родов = 1 акр
640 акров = 1 кв. миля
36 кв. миль = 1 тауншип

МЕРЫ ОБЪЕМА
CUBIC MEASURE

кубический дюйм	cubic inch
кубический фут	cubic foot
кубический ярд	cubic yard
корабельная тонна США	U.S. shipping ton
фрахтовая тонна	freight ton
британская корабельная тонна	British shipping ton
регистровая тонна	register ton

1728 куб. дюймов = 1 куб. фут
27 куб. футов = 1 куб. ярд
40 куб. футов = 1 корабельная тонна США = 1 фрахтовая тонна
42 куб. фута = 1 британская корабельная тонна
100 куб. футов = 1 регистровая тонна

МЕРЫ ОБЪЕМА ЖИДКОСТЕЙ
LIQUID MEASURE

джил, четверь пинты	gil
пинта	pint
кварта, четверть галлона	quart
полугаллон	pottle
галлон	gallon
британский баррель	barrel
баррель США	barrel
для нефтепродуктов	barrel
для других жидкостей	barrel
хогсхед	hogshead

4 джила = 1 пинта
2 пинты = 1 кварта
2 кварты = 1 полугаллон
4 кварты = 1 галлон
36 галлонов = 1 британский баррель
42 галлона = 1 баррель США для нефтепродуктов
31,5 галлона = 1 баррель США для других жидкостей
63 галлона = 1 хогсхед

АПТЕКАРСКИЕ МЕРЫ ЖИДКОСТИ
APOTHECARIES' FLUID MEASURE

миним	minim
жидкая драхма	fluid dram, fluid drachm
жидкая унция	fluid ounce
пинта	pint
кварта	quart
галлон	gallon

60 минимов = 1 жидкая драхма
8 жидких драхм = 1 жидкая унция
16 жидких унций = 1 пинта
2 пинты = 1 кварта
4 кварты = 1 галлон

МЕРЫ ОБЪЕМА СЫПУЧИХ ТЕЛ
DRY MEASURE

пинта	pint

кварта	quart
галлон	gallon
пек	peck
бушель	bushel
четверть	quarter

2 пинты = 1 кварта
4 кварты = 1 галлон
2 галлона = 1 пек
4 пека = 1 бушель
8 бушелей = 1 четверть

МЕРЫ ОБЪЕМА ДРЕВЕСИНЫ
WOOD MEASURE

кубический фут	cubic foot
кордовый фут	cord foot
корд	cord

16 куб. футов = 1 кордовый фут
8 кордовых футов = 1 корд

МЕРЫ ВРЕМЕНИ
TIME MEASURE

мгновение	wink
секунда	second
минута	minute
час	hour
сутки	day
неделя	week
декада	ten-days period
месяц	month
квартал	quarter
год	year
век, столетие	century
тысячелетие	thousandfold

2000 мгновений = 1 минута
60 секунд = 1 минута
60 минут = 1 час
24 часа = 1 сутки
7 суток = 1 неделя
10 суток = 1 декада

29—31 день = 1 месяц
12 месяцев = 1 год
100 лет = 1 век
10 веков = 1 тысячелетие

ИЗМЕРЕНИЕ УГЛОВ
ANGULAR AND CIRCULAR MEASURE

секунда	second
минута	minute
градус	degree
прямой угол	right angle
развернутый угол	straight angle
полный угол, круг	circle
мил	mil

60 секунд = 1 минута
60 минут = 1 градус
90 градусов = 1 прямой угол
180 градусов = 1 развернутый угол
360 градусов = 1 полный угол
0,05625 градуса = 1 мил

ИМЕНА, ВСТРЕЧАЮЩИЕСЯ В ЭКОНОМИКО-МАТЕМАТИЧЕСКОЙ ЛИТЕРАТУРЕ НА РУССКОМ И АНГЛИЙСКОМ ЯЗЫКАХ

Аганбегян А.Г.	Aganbegian A.G.
Айзард У.	Izard W.
Аллен К.Л.	Allen C.L.
Аллен Р.Г.Д.	Allen R.G.D.
Алмон К.	Almon C.
Анчишкин А.И.	Anchishkin A.I.
Аугустинович М.	Augustinovics M.
Аумен Р.	Aumann R.J.
Багриновский К.А.	Bagrinovskii K.A.
Банах С.	Banach S.
Баранов Э.Ф.	Baranov E.F.
Баумоль У.	Baumol W.J.
Байес (Бейес) Т.	Bayes Th.
Беленький В.З.	Belen´ky V.Z.

Белкин В.Д.	Belkin V.D.
Беллман Р.Э.	Bellman R.E.
Бернулли Д.	Bernoulli D.
Бернулли Н.	Bernoulli N.
Бернулли Я.	Bernoulli J.
Берри Л.Я.	Berri L.Ia.
Бессель Ф.В	Bessel F.W.
Богачев В.Н.	Bogachev V.N.
Больцано Б.	Bolzano B.
Борткевич Л.	Bortkiewicz L.
Брауэр Л.Э.Я.	Brouwer L.E.J.
Броди А.	Brody A.
Буняковский В.Я.	Buniakovskii V.J.
Бьюкенен Дж.	Buchanan J.
Вальд А.	Wald A.
Вальрас Л.	Walras L.
Веблен Т.Б.	Veblen T.B.
Вейерштрасс К.Т.В.	Weierstrass K.T.W.
Винер Н.	Wiener N.
Волконский В.А.	Volkonskii V.A.
Вольтерра В.	Volterra V.
Вольф Ф.	Wolfe P.
Гаврилец Ю.Н.	Gavrilets Iu.N.
Гасс Д.	Gass D.
Гейл Д.	Gale D.
Геймгольц Г.Л.Ф.	Helmholtz H.L.F.
Гермейер Ю.Б.	Hermeier Iu.B.
Гильберт Д.	Hilbert D.
Гильденбранд В.	Hildenbrand W.
Гиффен Р.	Giffen R.
Глушков В.М.	Glushkov V.M.
Гольштейн Е.Г.	Holshtein E.G.
Гомори Р.Е.	Gomory R.E.
Гомперц Б.	Gompertz B.
Госсен Г.Г.	Gossen H.H.
Госсет У.С.	Gosset W.S.
Гранберг А.Г.	Granberg A.G.
Грилишес Ц.	Griliches Z.
Гурвиц Л.	Hurwicz L.

Дадаян В.С.	Dadayan V.S.
Данциг Дж.Б.	Dantzig G.B.
Дарбин	Durbin J.
Дебре Г.	Debreu G.
Декарт Р.	Descartes R.
Дирихле П.Г.Л.	Dirichlet P.G.L.
Дмитриев В.К.	Dmitriev V.K.
Домар Е.Д.	Domar E.D.
Дорфман Р.	Dorfman R.
Дуглас П.	Douglas P.H.
Дудкин Л.М.	Dudkin L.M.
Дьяченко В.П.	D'iachenko V.P.
Дюпюи А.Ж.	Dupuit A.J.E.J.
Евклид	Euclid
Емельянов А.С.	Emelianov A.S.
Ершов Э.Б.	Ershov E.B.
Ефимов В.М.	Efimov V.M.
Заде Л.А.	Zadeh L.A.
Интрилигатор М.Д.	Intriligator M.D.
Исаев Б.Л.	Issaev B.L.
Какутани С.	Kakutani S.
Кларк Дж.Б.	Clark J.B.
Кларк М.	Clark M.
Калдор Н.	Kaldor N.
Калецкий М.	Kalecki M.
Калман П.Дж.	Kalman P.J.
Канторович Л.В.	Kantorovich L.V.
Карлин С.	Karlin S.
Касель Г.Т.	Cassel G.T.
Каценейлинбойген А.	Katsenelinboigen A.
Кейнс Дж.М.	Keynes J.M.
Кендалл Д.	Kendall D.G.
Кендалл М.	Kendall M.G.
Кенэ Ф.	Quesnay F.
Клейн Л.Р.	Klein L.R.
Клоцвог Ф.Н.	Klotsvog F.N.
Кобб К.	Cobb C.W.
Колмогоров А.Н.	Kolmogorov A.N.

Кондратьев Н.Д.	Kondratieff (Kondratiev) N.D.
Конюс А.А	Konius A.A.
Корбинский Н.Е.	Korbinsky N.E.
Корнаи Я.	Kornai J.
Коссов В.В.	Kossov V.V.
Коши О.Л.	Cauchy A.L.
Крамер Г.	Cramer H.
Крамер К.Х.	Cramer K.H.
Кронекер Л.	Kronecker L.
Кузнец С.С.	Kuznets S.S.
Кун Г.	Kuhn H.W.
Купманс Т.С.	Coopmans T.C.
Курбис Р.	Courbis R.
Курно А.	Cournot A.
Лагранж Ж.Л.	Lagrange J.L.
Ланге О.	Lange O.
Ланкастер К.	Lancaster K.J.
Лаплас П.С.	Laplace P.S.
Лафер А.	Laffer A.
Лебег А.Л.	Lebesgue H.L.
Лейбкинд Ю.Р.	Leibkind Iu.R.
Ленин В.И.	Lenin V.I.
Леонтьев В.В.	Leontief W.W.
Лернер А.П.	Lerner A.P.
Липтак Т.	Liptak Th.
Лоренц М.	Lorenz M.
Лурье А.Л.	Lurye A.L.
Льюис У.А.	Lewis W.A.
Ляпунов А.А.	Liapunov A.A.
Ляпунов А.М.	Liapunov A.M.
Макаров В.Л.	Makarov V.L.
МакКэнзи Л.	McKenzie L.
Малинво Е.	Malinvaud E.
Марков А.А.	Markov A.A.
Маркс К.	Marx K.
Маршак Т.А.	Marschak T.A.
Маршалл А.	Marshall A.
Менш Г.О.	Mensh G.O.

Месарович М.Д.	Mesarovic M.D.
Мид Дж.Е.	Meade T.E.
Миллер М.Н.	Miller M.N.
Михалевский Б.Н.	Michalevskii B.N.
Мовшович С.М.	Movshovich S.M.
Модильяни Ф.	Modigliani F.
Моисеев Н.Н.	Moisseev N.N.
Моргенштерн О.	Morgenstern O.
Моришима М.	Morishima M.
Мэнсфилд Е.	Mansfield E.
Мюрдаль Г.К.	Myrdal G.K.
Негиши Т.	Negishi T.
Нейман Дж., фон	Neumann J., von
Немчинов В.С.	Nemchinov V.S.
Никайдо Х.	Nikaido H.
Нит И.В.	Nit I.V.
Новожилов В.В.	Novozhilov V.V.
Нэш Дж.Ф.	Nash J.F.
Овсиенко Ю.В.	Ovsienko Iu.V.
Олин Б.	Ohlin B.
Островитянов К.В.	Ostrovetianov K.V.
Пазинетти Л.Л.	Pasinetti L.L
Парето В.	Pareto V.F.D.
Петраков Н.Я.	Petrakov N.Ia.
Петти У.	Petty W.
Пигу А.С.	Pigou A.C.
Пирсон К.	Pearson K.
Пойа Дж.	Polya G.
Полтерович В.М.	Polterovich V.M.
Понтрягин Л.С.	Pontriagin L.S.
Портес Р.	Portes R.
Пуассон С.Д.	Poisson S.D.
Пугачев В.Ф.	Pugachev V.F.
Раднер Р.	Radner R.
Райффа Х.	Raiffa H.
Рамсей Ф.	Ramsey F.P.
Рапопорт А.	Rapoport A.
Рикардо Д.	Ricardo D.
Робинсон Дж.В.	Robinson J.V.

Ростов У.В.	Rostow W.W.
Рубинов А.М.	Rubinov A.M.
Рывкин А.А.	Rivkin A.A.
Рябушкин Г.В.	Ryabushkin G.V.
Саймон Г.А.	Simon H.A.
Скарф Г.Е.	Scraf H.E.
Смейл С.	Smale S.
Самуэльсон П.А.	Samuelson P.A.
Слуцкий Е.Е.	Slutsky (Slutzsky) E.E.
Смехов Б.М.	Smekhov B.M.
Смирнов А.Д.	Smirnov (Smirnoff) A.D.
Смирнов Н.В.	Smirnov (Smirnoff) N.B.
Смит А.	Smith A.
Солоу Р.М.	Solow R.M.
Сраффа П.	Sraffa P.
Стиглер Г.Й.	Stigler G.J.
Стоун Р.	Stone R.
Струмилин С.Г.	Strumilin S.G.
Стьюдент (*псевдоним Госсета, см. Госсет*)	Student
Таккер А.	Tucker A.W.
Тейл Г.	Theil H.
Тейлор Б.	Taylor B.
Тинберген Я.	Tinbergen J.
Тобин Дж.	Tobin J.
Торнквист Л.	Tornquist L.
Тюнен И.Г.	Thünen J.H.
Тюрго А.	Turgo A.R.J.
Узава Х.	Uzawa H.
Уишарт Дж.	Wishart J.
Уринсон Я.М.	Urinson J.M.
Уотсон Г.Н.	Watson G.N.
Федоренко Н.П.	Fedorenko N.P.
Фельдман Г.А.	Feldman G.A.
Филлипс А.У.	Phillips A.W.H.
Фокс А.	Fox A.
Фишер И.	Fisher I.
Фишер Р.А.	Fisher R.A.
Френкель А.А.	Frenkel A.A.

Фробениус Ф.Г.	Frobenius F.G.
Форрестер Дж.	Forrester J.W.
Фридмен М.	Friedman M.
Фриш Р.	Frisch R.
Фурье Ж.Б.Ж.	Fourier J.B.J.
Хайек Ф.А., фон	Hayek F.A., von
Хан Ф.	Hahn F.H.
Харрод Р.Ф.	Harrod R.F.
Хаутеккер	Houthakker H.S.
Хевисайд О.	Heaviside O.
Хенкин Г.М.	Henkin G.M.
Хикс Дж.Р.	Hicks J.R.
Чипмэн Дж.С.	Chipman J.S.
Шаталин С.С.	Shatalin S.S.
Шатилов Н.Ф.	Shatilov N.Ph.
Шварц Я.Т.	Schwartz J.T.
Шеннон К.Э.	Shannon C.E.
Шепард Р.	Shepard R.W.
Шепли Л.	Shapley L.S.
Шубик М.	Subik M.
Шульц Т.	Schultz T.W.
Шумпетер Й.А.	Shumpeter J.A.
Эджуорт Ф.	Edgeworth F.Y.
Эйдельман М.Р.	Eidelman M.R.
Эйлер Л.	Euler L.
Энгель К.Л.Э.	Engel C.L.E.
Энгельс Ф.	Engels F.
Эрроу К.	Arrow K.J.
Эшби У.	Ashby W.
Юдин Д.Б.	Iudin D.B.
Якоби К.Г.Я.	Jacobi C.G.J.
Яременко Ю.В.	Jaremenko Iu.V.

ВАРИАНТЫ ПЕРЕВОДА С РУССКОГО ЯЗЫКА БУКВ И ИХ СОЧЕТАНИЙ В ИМЕНАХ И НАЗВАНИЯХ

Русские буквы	Английские буквы	Примеры	
а	a	Малышев	Malishev
ай	i	Айзард	Izard
	ai	Никайдо	Nikaido
б	b	Боярский	Boyarskii
в	v	Канторович	Kantorovich
	w	Василий	Wassily
	f или ff (обычно в конце слова)	Леонтьев	Leontief
г	g	Данциг	Dantsig
	h (обычно в начале слова, но не в конце)	Гурвиц	Hurwicz
д	d	Данилов	Danilov
е	e	Гнеденко	Gnedenko
	ye	Егор	Yegor
ей	a	Гейл	Gale
	ei	Клейн	Klein
	ey	Кейнс	Keynes
ё	yo	Королёв	Korolyov
ж	zh	Жуков	Zhukov
	g	Лагранж	Lagrange
з	z	Зайцева	Zaitseva
и	i	Бернулли	Bernoulli
	ie	Мэнсфилд	Mansfield
	y	Петти	Petty

Русские буквы	Английские буквы	Примеры	
ий	y	Василий	Wassily
	ii	Вознесенский	Vosnesenskii
й	i	Клейн	Klein
к	k	Карпов	Karpov
	c	Ланкастер	Lancaster
	ck	Кронекер	Kronecker
л	l	Ленин	Lenin
м	m	Маркс	Marx
н	n	Понтрягин	Pontriagin
о	o	Горстко	Gorstko
п	p	Плотников	Plotnikov
р	r	Римашевская	Rimashevskaia
с	s	Мстиславский	Mstislavskii
	ss (между гласными)	Василий	Wassily
т	t	Торнквист	Tornquist
у	u	Турецкий	Turetskii
	oo	Купманс	Koopmans
	w	Солоу	Solow
уи	wi	Уильям	Wiliam
уэ	ue	Самуэльсон	Samuelson
ф	f	Фишер	Fisher
	ph	Филлипс	Phillips
х	kh	Хрущев	Khrushchev
	h	Хайек	Hayek
ц	ts	Кузнец	Kuznets
	tz	Данциг	Dantzig
	cz	Гурвиц	Gurwicz

Русские буквы	Английские буквы	Примеры	
	z	Лоренц	Lorenz
ч	ch	Немчинов	Nemchinov
ш	sh	Маршалл	Marshall
щ	shch	Хрущев	Khrushchev
ъ	не переводится		
ы	i	Смышляев	Smishliaev
	y	Косыгин	Kosygin
ь		Вальтух	Val´tukh
	не переводится	Баумоль	Baumol
ье	ie	Леонтьев	Leontief
	ye	Лурье	Lurye
ьё	yo		
ью	u	Стьюдент	Student
ья	ia		
э	a	Нэш	Nash
	e	Энгельс	Engels
ю	iu	Юрий	Iurii
	u	Тюрго	Turgo
я	ia	Яковец	Iakovets
	ja	Яков	Jakov
	ya	Боярский	Boyarskii

Справочное издание

Казанцев Сергей Владимирович

**РУССКО-АНГЛИЙСКИЙ
ЭКОНОМИКО-МАТЕМАТИЧЕСКИЙ
СЛОВАРЬ**

Редактор *Е.Б. Артемова*
Художник *В.И. Шумаков*
Технический редактор *Н.М. Остроумова*
Корректоры *Р.К. Червова, Л.А. Щербакова*
Оператор электронной верстки *И.Г. Кувалдина*

ИБ № 42668

Сдано в набор 28.05.92. Подписано в печать 08.06.93. Формат 70×90 1/32.
Гарнитура таймс. Офсетная печать. Усл. печ. л. 8,48. Усл. кр.-отт. 8,63.
Уч.-изд. л. 11,2. Тираж 10 000 экз. Заказ 660. С. 106.

Ордена Трудового Красного Знамени ВО "Наука". Сибирская издательская
фирма. 630099 Новосибирск, ул. Советская, 18.
Оригинал-макет изготовлен на настольной издательской системе.
Новосибирская типография № 4 ВО "Наука". 630077 Новосибирск,
ул. Станиславского, 25.